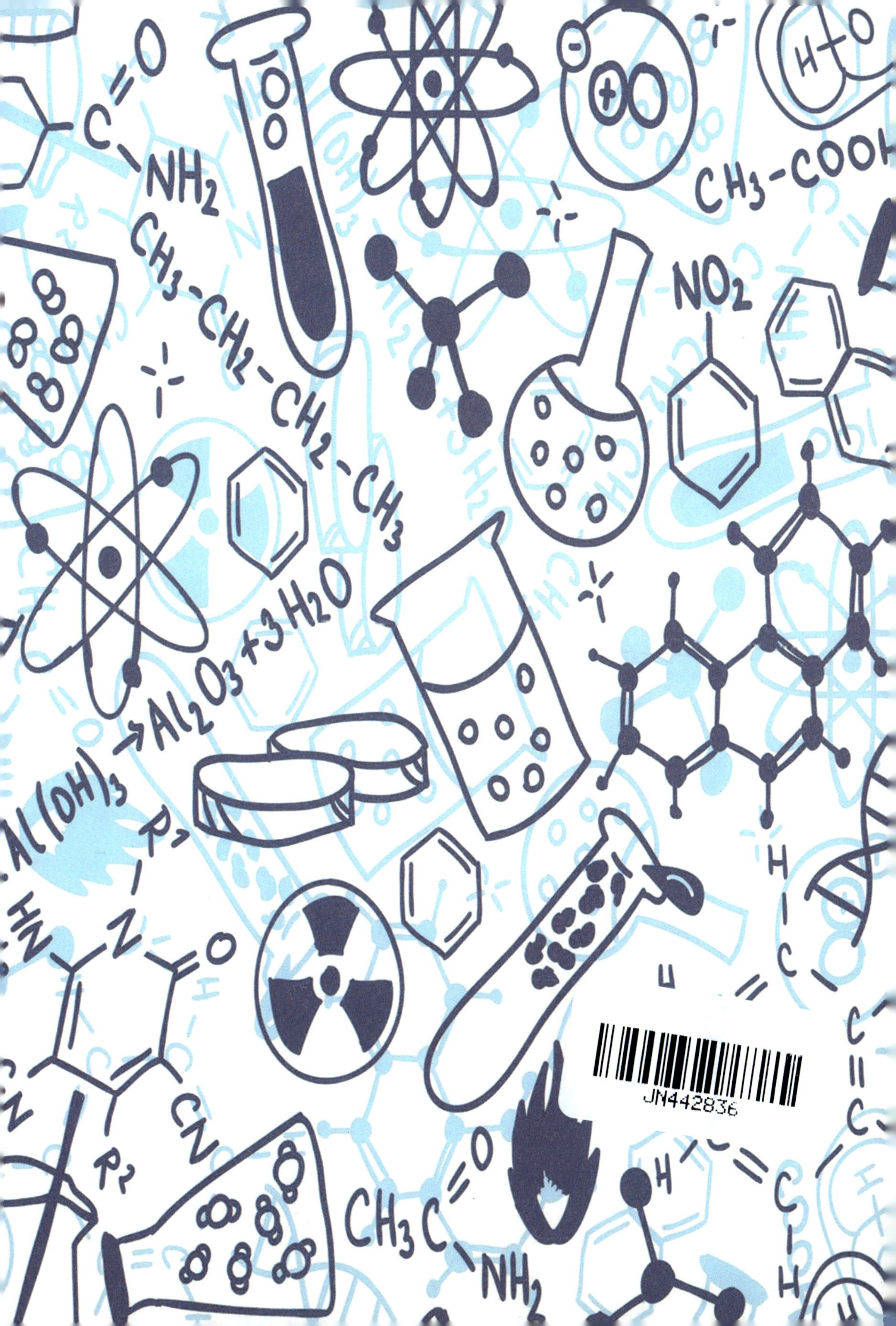
CH3-COOH
NO2
CH3-CH2-CH2-CH3
Al(OH)3→Al2O3+3H2O
CH3C
NH2
CN

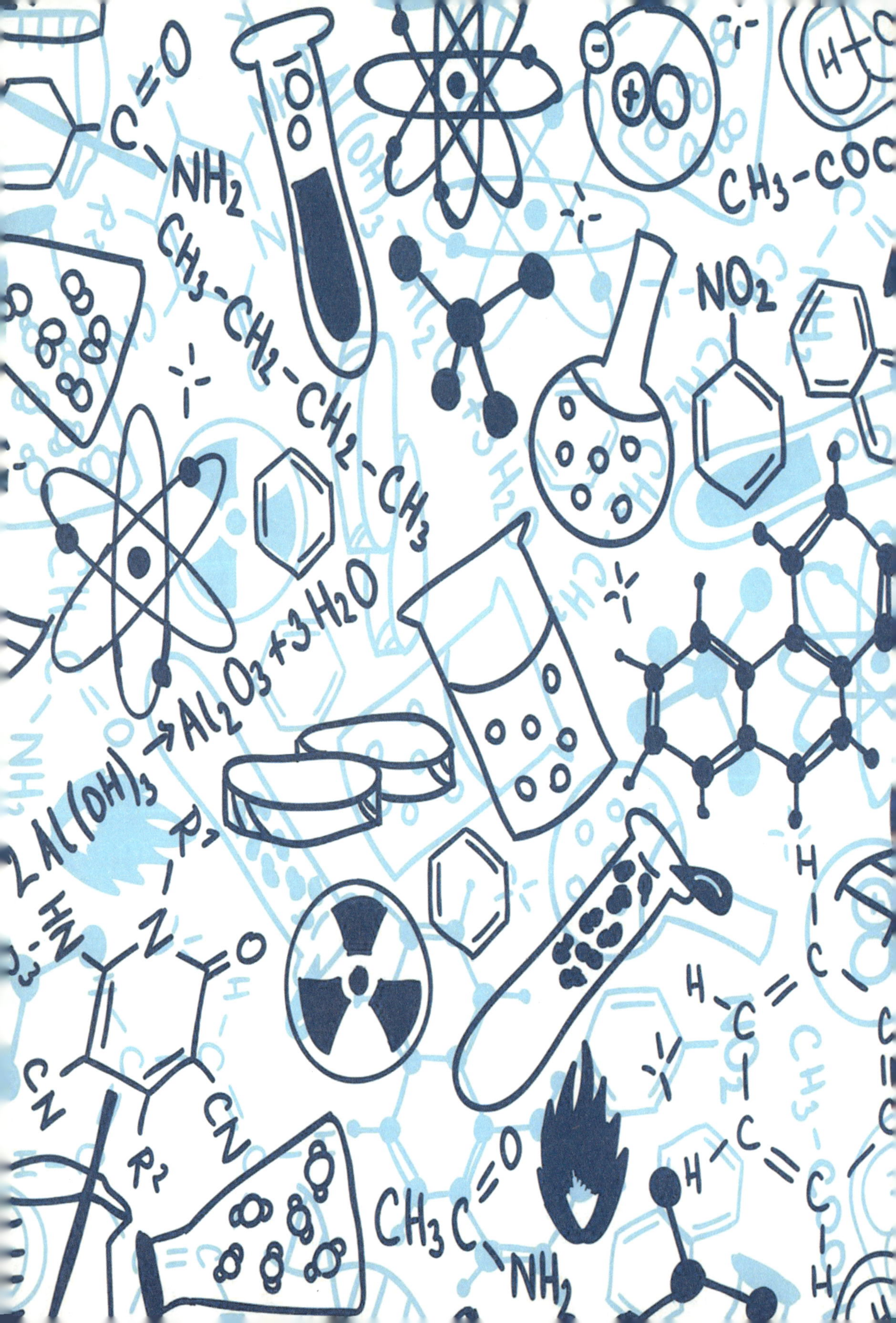
C=O
NH2
CH3-CH2-CH2-CH2-CH3
CH3-COO
NO2
2Al(OH)3→Al2O3+3H2O
HN
N
R1
R2
CN
CN
CH3C=O
NH2

빅뱅과 지구탐험

대한과학진흥회 엮음

스완미디어
SWAN MEDIA

책 머리에

오늘날 우리들은 고도로 발달된 과학 문명의 혜택 속에 살고 있습니다.

우리의 선진 조국 창조를 위해 무엇보다 중요한 것이 과학기술의 개발입니다. 특히 자원이 부족한 우리나라에서 가꾸어야 할 유일한 자원은 과학 기술로 무장한 풍부한 인력 자원입니다.

대한 과학 진흥회에서는 배우는 학생들을 위해 사물을 깊이 관찰하는 습관과 합리적이고 창의적인 과학적 사고를 심어 주기 위한 방법의 하나로 과학 문고를 엮어 내고 있습니다.

과학 문고를 펴냄에 있어서 딱딱한 과학지식을 그림을 곁들여 쉽고 재미있게 이야기로 풀어 써서 학생들이 스스로 원리를 발견하고 재미를 느끼게 함으로써 과학의 여러 분야에 대하여 흥미를 갖고 접근할 수 있도록 하였습니다.

이 책과 더불어 많은 학생들이 과학에 깊은 관심을 갖고 탐구심과 창의력을 기르며 과학을 생활화 할 줄 아는 사람이 되는데 많은 도움이 되었으면 하고 바라는 마음 간절합니다.

기획편찬 **대한과학진흥회**

차례

푸른 별 지구

날씨가 맑게 개인 밤하늘을 바라본 적이 있습니까?

밤하늘 가득 예쁘게 반짝이고 있는 별이며, 달빛을 은은히 비추고 있는 달을 바라보면 매우 신기하게 느껴지지요?

하지만 지구는 별이나 달, 또는 어떤 행성보다도 아름답습니다.

우주선을 타고 우주 공간에서 바라보면 지구는 아름다운 초록색 보석처럼 빛나고 있다고 합니다.

우리가 살고 있는 지구는 별이나 달처럼 수많은 행성 가운데 하나입니다.

그러나 지구에는 물이 있고, 온갖 생명체가 살고 있으며 또한 여러 가지 자연 현상이 순간순간 새롭게 펼쳐집니다.

그럼 이제부터 우리가 살고 있는 이 지구와 지구에서 이루어지는 여러 가지 자연 현상에 대해서 알아봅시다.

빅뱅과 지구의 탄생

지구가 처음 태어난 때는 지금으로부터 약 45억년 전이라고 과학자들은 말합니다.

정말 까마득한 옛날 옛날의 일이지요.

지구가 어떻게 태어났는가를 이해하기 위해서는 먼저 우주가 어떻게 생겨났는지를 알아야만 합니다.

과학자들은 우주가 생겨난 것은 지구가 태어나기 100억 년 전이라고 합니다.

원래 우주는 하나의 커다란 덩어리였습니다.

우주라고 하는 이 커다란 덩어리는 굉장한 압력과 온도에 의해 단단하게 뭉쳐 있었습니다.

그러던 어느 순간 이 뜨겁고 거대한 덩어리는 자기 내부의 힘에 의해 마침내 폭발하였습니다.

'빅 뱅' 이라고 부르는 이 대폭발이 바로 우주가 탄생한 순간입니다.

대폭발에 의해 떨어져 나간 우주의 조각들은 서서히 식

어 가기 시작했습니다.

또한 우주 조각들 가운데 하나였던 지구도 식어 갔습니다.

그러나 지구는 그 때까지도 아직 너무 뜨거웠습니다. 그래서 지구의 수분은 모두 수증기인 기체가 되어 하늘로 올라가기 시작했습니다.

이렇게 하늘로 올라가 뭉쳐 있던 이 수증기들은 지구가 더 식자 마침내 비가 되어 땅으로 쏟아져 내렸습니다.

이러한 상태는 오랜 시간 동안 계속 반복되었습니다.

쏟아져 내리는 비는 식어 가고 있던 지구를 더욱 식히는 역할을 하였습니다.

이러한 과정의 되풀이 속에서 바다와 육지가 나누어지게 되고 지구는 지금과 같은 하나의 모습을 갖추어 가게 되었습니다.

그러나 그 때의 지구는 오늘날 우리가 살고 있는 지구와는 모든 면에서 달랐습니다.

지구는 둥글다

지구가 둥글다는 것은 지금은 누구나 다 알고 있습니다. 하지만 옛날 사람들은, 지구가 하늘이라는 둥근 지붕을 가진 평평한 땅이라고 생각했습니다.

이 땅이 바다 한가운데에 떠 있고, 바다의 끝은 낭떠러지로 거기가 세상의 끝이라 여겼습니다.

이러한 생각을 깨뜨리고 지구가 둥글다고 처음으로 주장한 사람들이 생겼습니다.

피타고라스와 아리스토텔레스라는 그리스의 학자들로, 그들은 하늘에 떠 있는 별들을 보고 지구가 둥글다는 것을 깨달았습니다. 북쪽으로 갈수록 북극성은 하늘 높이 보였으며 그리스에서는 볼 수 없는 별을 이집트에서는 볼 수 있었기 때문입니다. 그 때 사람들의 생각대로 만일 지구가 평평하다면 별들은 어느 곳에서나 일정한 높이로 보여야만 할 것입니다.

이 밖에도 지구가 둥글다는 것을 알 수 있는 방법은 여러 가지가 있습니다.

우리 눈으로 직접 알아볼 수도 있습니다.

여러분, 바닷가에 서서 수평선 너머에서 배가 들어오는 모습을 한 번 살펴보십시오. 처음에는 수평선에 배의 돛대만 보일 뿐입니다. 그러다가 서서히 뱃머리가 보이고, 차츰 배의 모습이 전부 보이게 됩니다. 이것은 지구가 둥글기 때문이지요.

그러나 오늘날 여러분은 인공 위성에서 찍은 공같이 둥근 지구의 모습을 쉽게 볼 수 있을 것입니다.

사람들은 모두 지구가 얼마만 한 크기일까 늘 궁금해했습니다. 이 궁금증을 풀어 보고자 한 사람은 에라토스테네스입니다. 그리스의 학자인 그는 오랜 연구 끝에 드디어 지구의 둘레를 계산해 냈습니다.

그가 지금으로부터 약 2,200여 년 전에 계산해 낸 지구의 둘레는 4만 6000킬로미터였습니다. 놀랍게도 그 숫자는 오늘날 정확하게 계산된 지구의 둘레와 거의 비슷한 것이었습니다.

지구 둘레의 길이는 약 4만 킬로미터나 됩니다. 정말 어마어마한 길이지요?

그런데 이 지구 위의 어떤 곳의 위치를 정확하게 설명하기 위해서는 지구에 간격 표시를 하는 것이 필요합니다.

예를 들어서 아주 넓은 운동장에 한 어린이가 서 있다고 합시다. 만약 그 운동장에 아무 표시도 되어 있지 않다면 우리는 그 어린이의 위치를 이렇게 나타내야 합니다. 교문에서는 상당히 떨어져 있고, 미끄럼틀과는 가까운 거리에서 있다고 말입니다.

이것은 정확하지 못한 설명입니다.

그런데 이 때 운동장에 바둑판 무늬처럼 가로 세로 1미터씩의 정사각형을 그린다면 어떨까요? 훨씬 설명이 정확해질 것입니다.

그 어린이는 교문에서는 서른 번째이고, 동시에 미끄럼틀에서는 일곱 번째 칸에 서 있다고 말할 수 있습니다. 한 칸의 길이는 1미터이므로 결국 그 어린이는 교문에서 30미터쯤 떨어져 있고, 미끄럼틀에서는 7미터쯤 떨어진 곳에서 있는 것이지요.

운동장을 지구라고 생각하고, 어린이를 지구 위의 어떤

나라나 도시라고 생각해 보세요. 지구에도 운동장처럼 선을 그어 간격을 표시해 두면 어떤 도시나 나라가 지구의 어디쯤에 있는지를 정확히 설명할 수 있을 것입니다.

이 간격 표시를 나타내는 선을 '위선'과 '경선'이라고 부릅니다. 지구의 표면에서 적도를 중심으로 북극과 남극의 위치를 측정하는 좌표를 위도라고 하는데, 이 위도를 나타내는 가로선이 위선입니다. 위도의 위선을 긋는 방법은 적도에서 지구의 중심점을 연결하는 선을 0°로 놓고,

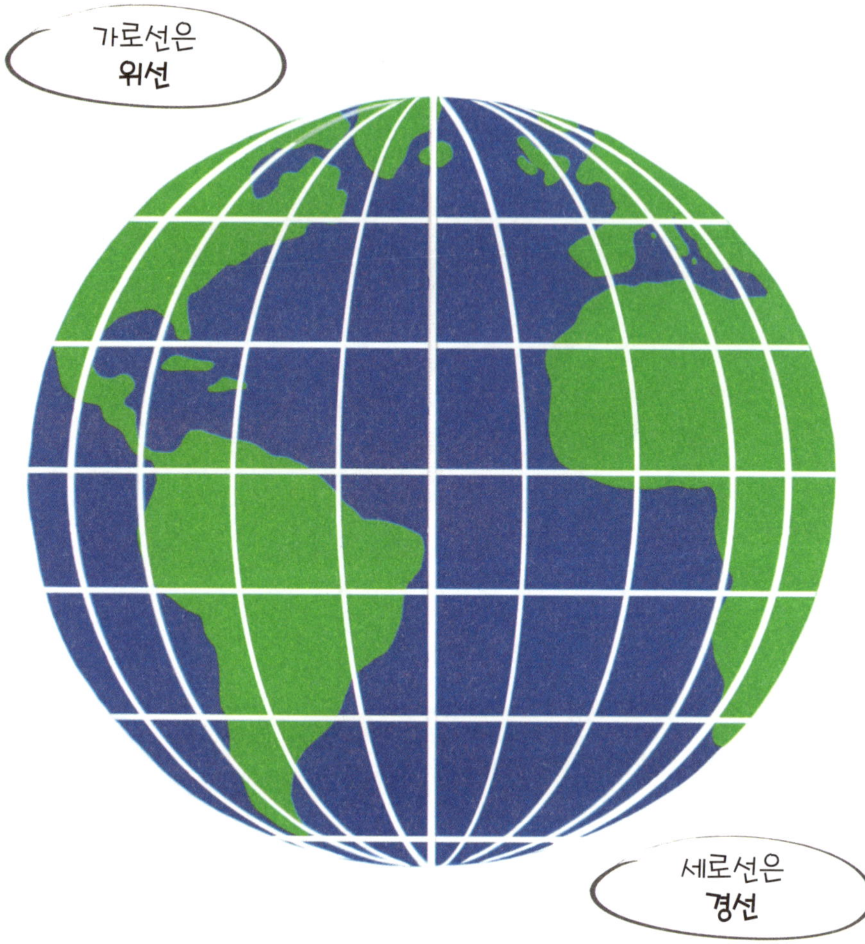

북극과 남극점에서 지구의 중심점에 이르는 선을 각각 90°로 하여 각도를 재는 것입니다. 그러므로 북극점은 북위 90°가 되고 남극점은 남위 90°가 되지요.

이와 같이 적도에서 북극 쪽으로는 북위 몇 도라 부르고, 적도에서 남쪽으로는 남위 몇 도라고 부릅니다.

그렇다면 경선은 무엇일까요? 지구의 남극점과 북극점을

세로로 연결한 선이 경선입니다. 물론 위선과 마찬가지로 지구에 직접 선을 그을 수는 없으므로 지도나 지구본에 표시를 하는 것이지요.

그런데 경도에는 위도의 경우처럼 적도에 해당하는 부분이 없습니다. 즉 경선 0°로 기준을 삼을 중심점이 없는 것입니다. 그래서 세계의 여러 학자들이 모여 북극점에서 영국의 한 도시를 지나 남극점에 이르는 선을 0°로 정하기로 했습니다.

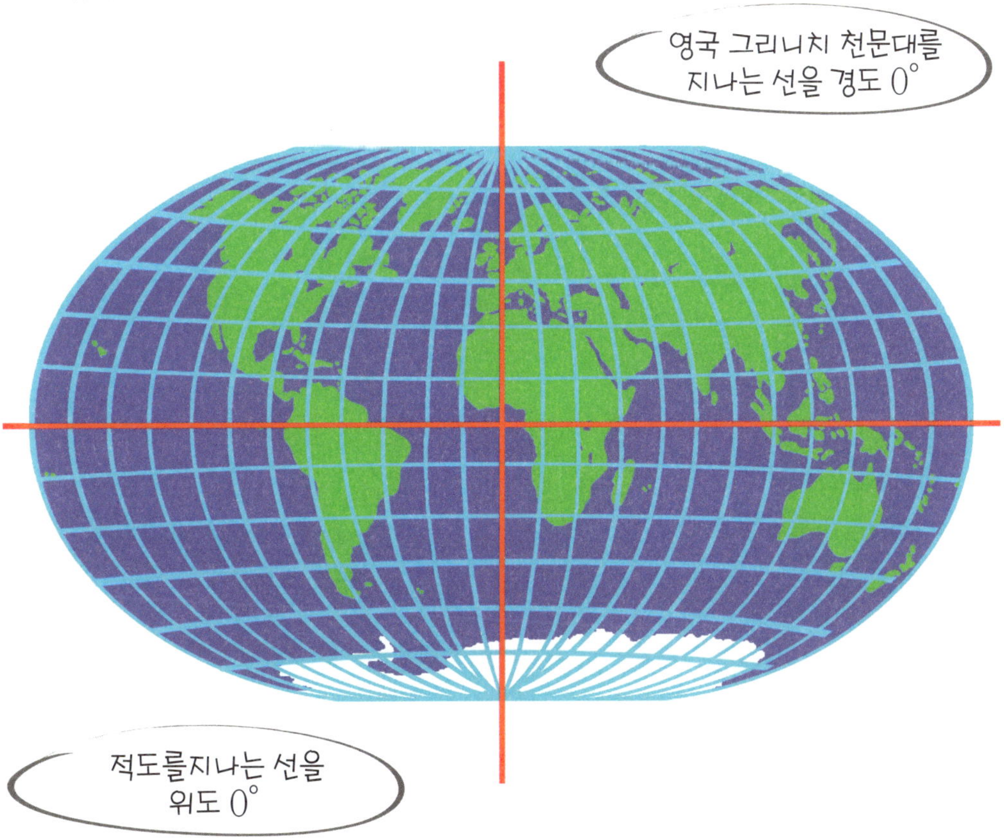

그 도시는 '그리니치' 라는 영국의 조그만 도시입니다. 그리니치를 중심으로 경선을 긋게 된 것은 이 도시에 세계적으로 유명한 그리니치 천문대가 있기 때문입니다. 아무튼 그리니치 천문대를 지나는 선을 0°로 하여 동쪽에 그어진 선을 '동경' 이라 부르고 서쪽에 그어진 선을 '서경' 이라고 부릅니다. 이것들은 각각 180°로 나누어져 있습니다.

지구의 속옷과 겉옷

어린 시절에 흙을 가지고 놀았던 기억이 있겠지요?

그런데 흙장난을 하다 보면 땅 속 깊은 곳은 어떻게 생겼을까 하는 궁금증이 일기도 합니다.

지구에 대해 연구하는 많은 학자들도 땅 속 깊은 곳, 즉 지구의 내부를 들여다보고 싶어했습니다.

어떤 물체의 속을 정확히 들여다보기 위해서는 수박을 쪼개듯이 둘로 나누어 보는 것이 가장 좋은 방법입니다. 하지만 지구를 쪼갠다는 것은 도저히 불가능한 일이지요.

인간이 땅 속으로 가장 깊이 파들어 간 것은 8킬로미터 깊이로 이것은 미국에서 석유를 퍼내기 위해 판 것입니다

8킬로미터는 굉장히 깊은 깊이지만 지구의 반지름인 6400킬로미터에 비하면 너무나 짧은 길이지요. 고작 지구의 겉부분을 슬쩍 파 본 정도에 지나지 않습니다.

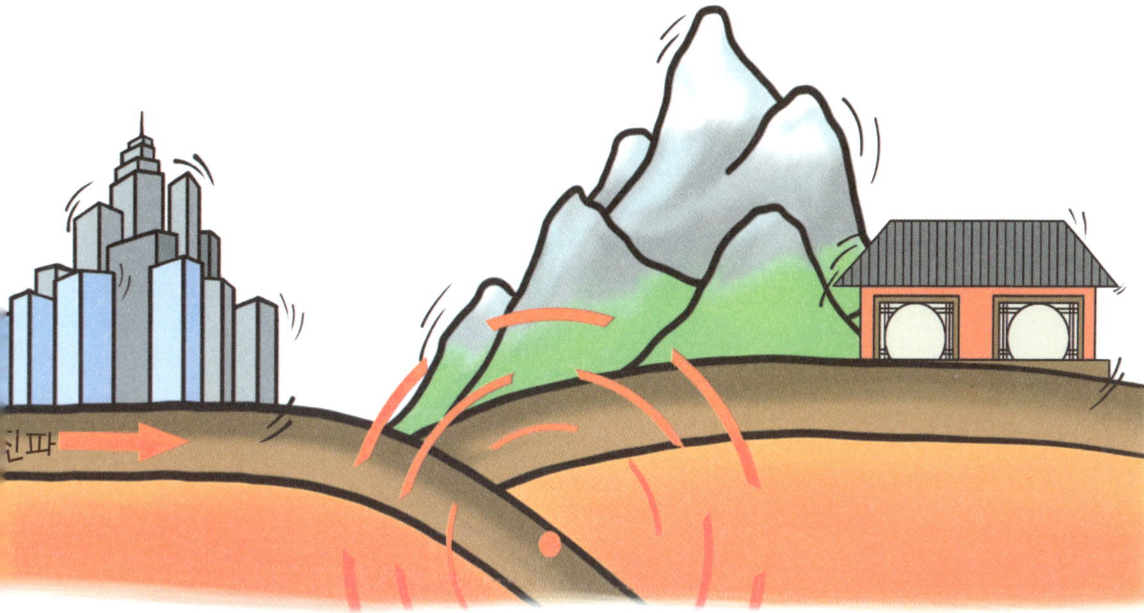

그러나 지구를 8킬로미터 이상 뚫고 들어간다는 것은 매우 어려운 일입니다. 그래서 학자들은 간접적으로 조사를 할 수 있는 방법을 생각해 냈습니다. 그것은 지구 내부에서 전해 오는 여러 가지 자연의 암호를 풀어서 조사하는 방법이었습니다. 여기서 말하는 자연의 암호란 지구 내부에서 전해 오는 지진파, 중력, 지전류, 지자기, 지열 그리고 마그마 등을 말합니다.

어떻게 그런 것들이 지구 내부를 알게 해주는 걸까요?

지구에서 나오는 여러 가지 암호 중에서도 가장 중요한 것은 지진파입니다.

지진파란, 지진으로 인한 파동을 말합니다. 그러면 지진이란 무엇일까요?

지진은 지구 속을 이루고 있는 여러 가지의 움직임으로 인해 한동안 땅이 흔들리는 것을 말합니다.

지진파에는 여러 가지가 있습니다. 그 중에서도 제일 잘 알려진 것은 종파와 횡파입니다. 종파는 연못에 돌을 던졌을 때 생기는 물결과 같은 것입니다. 물과 같은 액체나 단단한 고체 속에서도 전해집니다.

횡파는 물체가 뒤틀릴 때 생기는 것으로 고체 속에서는 전해지지만, 액체 속에서는 전해지지 않습니다.

보통 지진이라고 하면 처음에는 약하게 흔들리다가 점점 강하게 흔들립니다. 먼저 약하게 흔들리는 파동이 종파이고, 나중에 강하게 흔들리는 파동이 횡파입니다. 종파가 횡파보다 땅 속에서 전달되는 속도가 빠르기 때문에 종파가 먼저 오고 횡파가 나중에 옵니다.

지구의 안에서부터 지진이 일어나면 이 두 종류의 파동은 사방으로 전달됩니다.

학자들은 이와 같은 지진파가 지구의 내부를 흔들 때, 그것이 어떻게 진동하는가를 자세히 조사합니다.

의사 선생님들은 환자의 가슴에 청진기를 대고 진찰을 합니다. 청진기로 허파, 심장 등이 뛰는 소리를 듣고 몸 속에 이상이 있는지 없는지를 알아냅니다. 의사 선생님이 청진기를 사용하여 환자의 몸을 진찰하듯이 학자들은 지진계를 사용하여 지진파를 측정합니다. 지진은 지구 내부에서 일어나 그 파동이 여러 곳으로 흩어지므로 그 지진파를 조사하면 지구의 내부 구조를 알아볼 수 있는 것입니다.

이러한 연구 결과 지구의 내부는 서로 다른 물질로 되어 있다는 것을 알게 되었습니다. 그것은 밀도, 즉 빽빽하게 들어찬 정도가 서로 다른 6개의 물질층들이 포개져 있는 형태입니다. 속으로 들어갈수록 밀도는 높아집니다.

지구 내부의 층

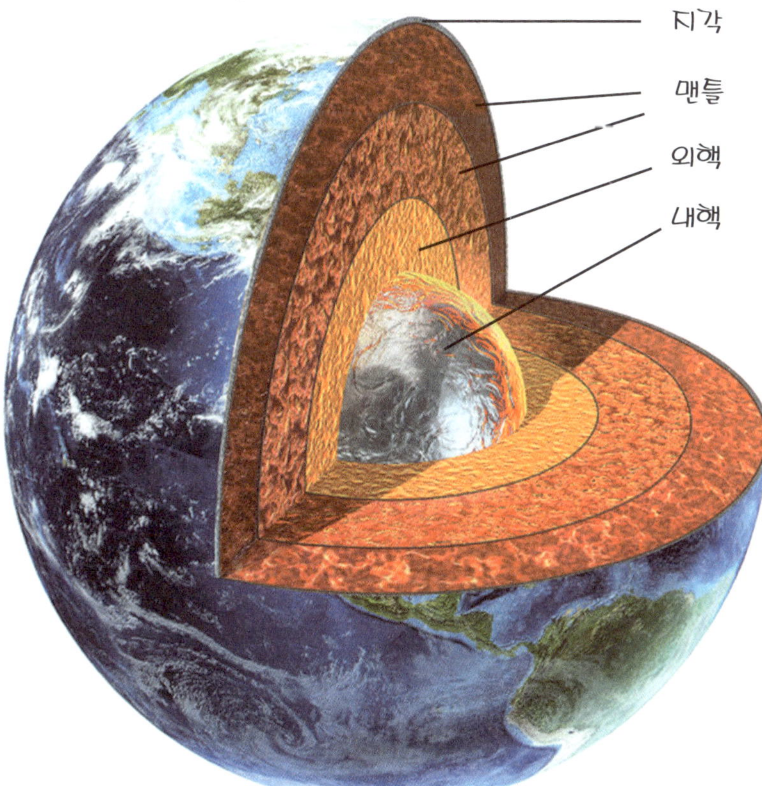

6개로 나뉜 층을 다시 크게 세 층으로 나눕니다. 경계가 뚜렷한 첫 번째 층과 두 번째 층, 그리고 네 번째와 다섯 번째 층 사이를 나누는 것입니다.

이 첫 번째 층을 지각이라 부릅니다.

이 부분은 대부분이 암석으로 되어 있어서 암석권이라고 부릅니다. 지구 전체 부피의 약 20퍼센트를 차지하고 있으며 매우 복잡한 구조를 이루고 있습니다. 지금 우리가 살고 있는 곳은 지각의 가장 윗부분인 셈입니다.

두 번째 층에서부터 네 번째 층까지를 맨틀이라고 부릅니다. 지구 전체 부피의 약 80퍼센트를 차지하고 있습니다. 이 층은 철이나 마그네슘, 규소 등과 같은 물질로 이루어져 있습니다.

그런데 이 맨틀 속에서는 끊임없는 움직임이 일고 있습니다. 단단하게 굳어 있는 것만 같은 땅이 운동을 하고 있다니 이상하지요?

앞에서 말했듯이 지구는 원래 불처럼 뜨거운 덩어리였습니다. 그러다가 시간이 흐르면서 차가운 대기와 비로 인해 점점 식은 것입니다. 그러나 지구라는 커다란 별이 식는 데는 오랜 시간이 걸립니다. 또 지구의 겉은 식었다 하더라도 지구 속 깊은 곳은 아직도 높은 온도를 지니고 있습니다.

지구 속 깊은 곳의 온도는 섭씨 5000~7000°나 됩니다.

주전자에 물을 넣고 펄펄 끓여 보세요. 주전자 아래쪽에

담긴 물은 뜨거워져서 위로 올라가고, 위쪽의 찬물은 아래로 내려가서 골고루 데워지게 됩니다.

그러한 움직임을 '대류' 라고 합니다.

그런데 지구 안에서도 그와 비슷한 움직임이 일어나고 있는 것입니다. 지구 속 깊은 곳의 뜨거운 열은 지구 겉으로 올라가려 하고 지구 겉의 식은 기운은 아래로 내려가려 하면서, 소용돌이와 같은 대류 현상이 일어납니다.

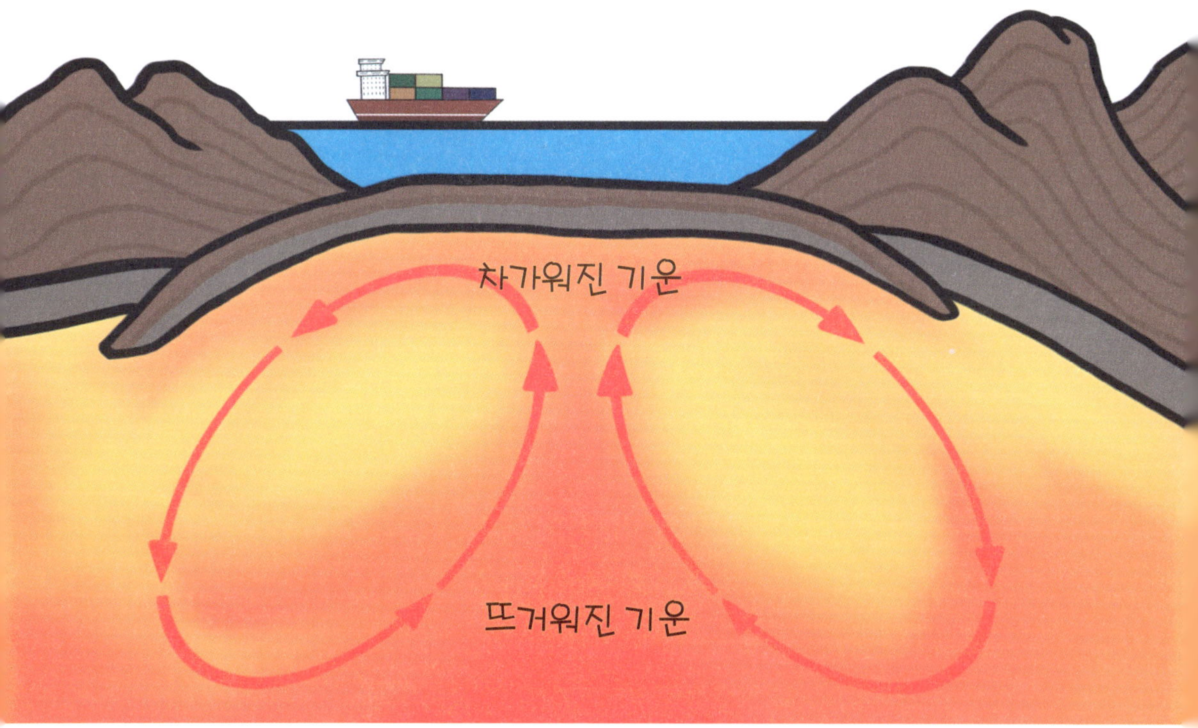

이러한 대류의 움직임으로 인해 땅의 모습이 변하는 것입니다.

지구의 가장 가운데 속을 '중심핵' 또는 '내권'이라고 부릅니다. 이 곳은 지구 부피의 약 20퍼센트를 차지하고 있습니다.

이 곳이 어떤 물질로 이루어져 있는가에 대해서 여러 학자들이 여러 가지 주장을 하고 있습니다. 하지만 아직껏 그것이 액체인지 고체인지도 확실히 밝혀지지 않고 있습니다. 다만 중심핵이 마치 자석처럼 '자기'를 띠고 있다는 사실을 밝혀 냈습니다.

위에서 알아본, 지구의 속에 있는 암석권과 내권은 '지구의 4권' 중의 하나에 속합니다.

지구의 이렇게 깊은 속은 암석으로 되어 있고, 지구 겉면의 70퍼센트는 바다로 이루어져 있습니다. 그리고 지구 둘레는 기체로 두껍게 둘러싸여 있습니다.

앞에서 말한 '지구의 4권'이란 이상과 같이 지구의 모양새를 네 가지로 구분한 것입니다. 그 중에서 암석권과 내권 두 가지는 방금 살펴보았으므로 나머지 두 가지에 대해 알아보도록 하지요.

첫째, 지구를 두껍게 둘러싸고 있는 기체를 대기라고 부릅니다. 이 대기는 다시 지구 가까운 곳에서부터 여러 층으로 나뉩니다.

지구 겉에서 약 12킬로미터까지의 높이를 '대류권'이라

외기권
전리권
성층권
대류권

고 부릅니다.

이 곳에서는 비 · 바랑 등의 기상 변화가 일어납니다.

그리고 지구의 보호막 같은 역할도 합니다. 즉, 지구로부터 열이 빠져나가는 것을 막아 주며, 태양이 내보내는 좋지 못한 광선을 빨아들이기도 합니다.

별이 깜빡이는 것처럼 보이게 하는 것도 이 대류권입니다. 사실 별들은 언제나 빛을 발하고 있습니다. 그런데 대류권의 기류가 불규칙하게 움직이면서 별빛을 가로막기 때문에 별빛이 깜빡이는 듯이 보이는 것입니다.

다음으로 대류권에서부터 80킬로미터 되는 곳까지를 '성층권' 이라고 합니다. 이 곳에는 오존층이라는 것이 있어서 사람이나 생물에게 해로운, 태양의 자외선을 걸러 줍니다.

이 성층권 위에는 '전리권' 이 있는데 지구 표면에서 800킬로미터까지의 부분을 말합니다.

이 전리권에서는 지구 위에서 보낸 전파를 반사하므로, 세계 여러 나라가 서로 통신을 주고 받을 수 있는 것입니다. 그리고 전리권에서는 '오로라' 를 만들기도 합니다.

전리권보다 더 먼, 800킬로미터 이상되는 곳은 '외기권' 이라 부릅니다.

둘째, 지구의 표면에 있는 바다, 호수, 강, 늪, 지하수 등 물이 차지하고 있는 부분을 '수권' 이라 합니다.

지구의 71%는 바다입니다.

수권은 지구 표면의 대부분을 차지하고 있는데 그 가운데 90퍼센트 이상이 바다입니다.

바닷물의 양에 비하면 대기 속에 있는 물의 양은 매우 적은 것입니다. 하지만 이들은 비나 구름 등을 만들어 날씨 변화에 중요한 역할을 하고 있습니다.

지금까지 살펴본 지구의 4권이 지구의 전체 모습을 이루고 있는 것입니다.

그렇다면 지구의 표면에는 바다 외에 무엇이 있을까요? 지구의 표면은 바다와 육지로 나누어져 있습니다.

지구에서 육지는 대부분 북쪽 면에 치우쳐 널리 퍼져 있습니다. 이쪽 지구의 반을 '북반구'라고 부릅니다. 또 거의가 다 바다로 덮여 있는 남쪽의 반을 '남반구'라고 부릅니다. 지구 위의 바다는 육지보다 2.5배나 넓은 면적을 차지하고 있습니다. 그리고 바다에는 1만 미터가 넘는 깊은 곳이 있는가 하면 육지에는 8000미터 이상의 높은 산들도 있습니다. 따라서 지구의 표면이 몹시 울퉁불퉁할 것이라고 생각하기 쉽습니다. 그렇지만 지구가 워낙 크기 때문에 2만 미터 정도의 차이가 나게 들어가고 나온 모양은 두드러지게 나타나지 않습니다.

우리는 이 지구 표면, 그 중에서도 육지의 어느 한 곳에서 살고 있는 것입니다.

천동설과 지동설

아주 옛날 사람들은 이 우주의 중심은 지구라고 생각했습니다. 그래서 지구는 우주의 중심에 움직이지 않고 멈추어 있고 그 주위를 태양과 달, 그 밖의 모든 별들이 돌고 있다고 믿었습니다. 이것을 '천동설' 이라고 합니다.

그러나 이러한 천동설을 믿지 않는 학자도 있었습니다. 이미 고대 그리스의 학자 가운데는 지구가 태양의 주위를 돌고 있는 것이 라고 생각한 사람들이 있었습니다.

그렇지만 그 때는 여러 종교가 널리 퍼져 있던 때라 자연의 생태를 연구하여 사실 그대로를 밝히는 일이 무척 어려웠습니다. 특히 교회에서는 '창조론' 이라 하여 신이 이 지구의 모든 것을 만들었다고 주장했던 것입니다. 따라서 신이 창조한 자연물을 자세히 살펴 새로운 내용을 밝혀 낸다는 것은 신을 모독하는 일이라 생각했습니다.

그러나 이렇게 엄격하던 시대인데도 몇몇 학자들은 용기있게, 지구가 태양 주위를 돌고 있다는 내용의 '지동설' 을 발표했습니다.

코페르니쿠스라는 학자가 처음으로 주장한 지동설은 우주의 중심이 태양이며, 지구는 그 태양의 둘레를 돌고 있는 별 중의 하나에 지나지 않는다는 학설이었습니다. 더 자세히 말하면, 우주에는 움직이지 않는 태양이 있고, 그 태양을 중심으로 수성 · 금성 · 지구 · 화성 · 목성 · 토성이

▲ 지구와 태양계

일정한 속도와 방향으로 돌고 있으며, 또한 달이 지구의 주위를 돌고 있다는 것입니다.

지동설은 그 당시 많은 사람들을 깜짝 놀라게 했습니다.

사실 이 설은 우주의 중심을 지구에서 태양으로 옮겨 놓은 것입니다. 오직 천동설만이 가장 신성하고 옳은 것으로 알고 있던 그 때 사람들에게는 엄청난 충격이었습니다.

그런데 만일 지구가 태양의 둘레를 돌지 않고, 가만히 있다면 어떻게 될까요?

얼핏 생각하기엔 봄 · 여름 · 가을 · 겨울 사계절 의 구별이 없어질 것입니다. 즉, 겨울인 곳은 항상 겨울이고, 여름인 곳은 늘 여름이며, 봄이나 가을인 곳은 늘 봄이나 가을이 될 것입니다.

그러나 그렇게 되기 전에, 지구가 멈춰 선 바로 그 순간 즉시 지구는 태양에 끌려가 버립니다. 그래서 태양 속으로 떨어져, 눈 깜짝할 사이에 녹아 버리고 말 것입니다.

동쪽 하늘에서 태양이 솟아오르면 낮이 시작됩니다. 태양이 남쪽과 서쪽 하늘을 지나 해가 질 무렵이면 다시 동쪽 하늘에서 달이 떠오르고 밤이 시작됩니다.

이렇게 하루가 지나고, 봄 · 여름 · 가을 · 겨울이 돌아옵니다. 이 모든 변화는 지구의 '자전' 과 '공전' 때문에 이루어지는 것입니다.

그렇다면 지구의 자전과 공전은 무엇일까요?

지구는 북극과 남극을 꿰뚫는 지축을 중심으로 하루 한 번씩 서쪽에서부터 동쪽으로 돌고 있습니다. 이러한 지구의 운동이 '자전' 입니다. 이와 같이 지구가 한 번 자전하는 데 걸리는 시간을 '자전주기' 라고 합니다.

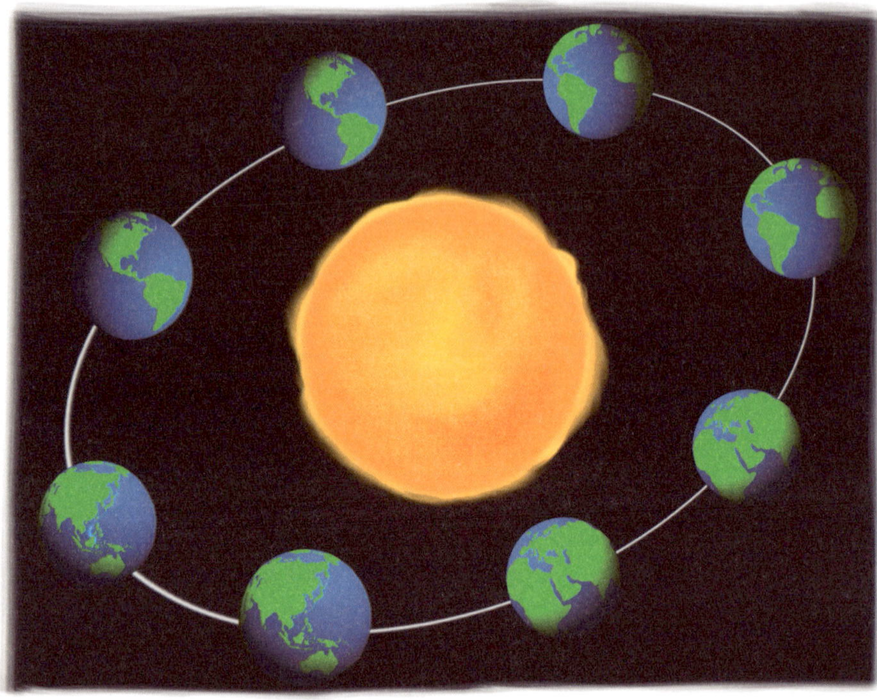

▲ 지구의 공전궤도

자전주기는 그럼 몇 시간일까요? 정확하게는 23시간 56분 4초입니다. 우리가 24시간을 1일로 계산하고 있는 데 비해서 3분 56초가 모자란 셈입니다. 즉 지구가 제 스스로 한 바퀴 돌면 하루가 지나는 것이지요.

이렇게 지구가 자전하고 있다는 것을 알 수 있는 방법은 여러 가지가 있습니다.

먼저 북쪽 하늘의 별을 자세히 살펴보면 북극성을 중심으로 별들이 돌고 있는 것을 알 수 있습니다. 이러한 별들의 움직임은 지구가 자전하기 때문에 나타나는 현상입니다.

또 한 가지 방법은 프랑스의 물리학자인 푸코가 발명한 '푸코 진자'입니다.

벽에 걸린 괘종시계를 살펴보세요. 초침과 분침이 있는 시계판 밑에 똑딱거리며 왔다갔다하는 시계추가 있을 것입니다. 그것을 진자라고 부릅니다.

'공전'이란 지구가 태양의 둘레를 도는 것을 말합니다. 그러니까 지구는 자전하면서 동시에 공전도 하는 것입니다. 마치 팽이가 제 몸 자체를 돌리면서 다시 크게 원을 그리며 도는 것과 같습니다.

푸코는 판테온 사원의 천장에 길고 무거운 진자를 매달았습니다. 그리고 그 사원의 마룻바닥에 원을 그린 다음 진자의 흔들림을 살펴보았습니다. 진자는 오른쪽으로 차츰 돌기 시작해서 대체로 하루 만에 제자리로 돌아오는 것이었습니다. 지구가 자전한다는 증거이지요. 지구가 태양의 둘레를 한 바퀴 도는 데는 1년이 걸립니다. 이렇게 한 번 도는 데 걸리는 시간을 '공전주기'라고 합니다.

사실 지구가 태양을 한 바퀴 도는 데에는 365일보다 0.256일이 더 걸립니다. 즉 365일 6시간이 걸리는 셈이지요.

이러한 공전주기에 맞춰 지구는 일정한 길을 따라 돕니다. 이것을 '공전궤도'라고 합니다. 이 공전궤도는 원에 가까운 타원형의 모양입니다. 타원형이기 때문에 지구와 태양 사이의 거리는 늘 똑같은 것이 아니라, 지구가 태양과 제일 가까운 거리에 놓이는 시기가 있습니다. 그리고 제일 먼 거리에 있을 때도 있습니다. 제일 가까울 때는 1억 4700만 킬로미터, 제일 멀 때가 1억 5200만 킬로미터입니다. 엄청나게 먼 거리이지요.

이렇게 머나먼 공전궤도를 따라 움직여 가려면 지구는 도대체 얼마나 빨리 움직여야 할까요? 깜짝 놀라지 마세요. 지구는 1초에 3만 미터를 달린답니다. 지구는 세상에서 가장 빠른 달리기 선수인 셈이지요.

그런데 지구가 이렇게 빠른 속도로 달리고 있는데도 왜 우리는 그것을 느낄 수 없을까요?

그것은 모두가 다 함께 돌고 있기 때문입니다. 사람들은 물론, 우리의 집도, 우리가 서 있는 땅도, 나무, 산 그리고 우리를 둘러싸고 있는 공기까지 함께 돌고 있는 것이지요. 그래서 우리는 그것을 느낄 수도 없고, 눈으로 볼 수도 없습니다.

이것은 달리는 기차 안에서 창 밖을 보지 않으면 기차가 달리고 있다는 것을 느낄 수 없는 것과 마찬가지입니다. 그리고 창 밖을 내다보더라도 우리는 움직이지 않고 있는데 가로수들이 막 뒤로 밀려가고 있는 것처럼 보입니다.

태양과 달의 경우도 이런 이치와 같습니다. 지구가 움직이고 있기 때문에 태양과 달이 떴다 졌다 하는 것처럼 보

낮과 밤은 지구의 자전 때문

이는 것입니다.

그러면 이렇게 지구가 공전하고 있다는 것은 어떻게 알 수 있을까요? 이것을 증명할 수 있는 방법은 여러 가지가 있지만, 가장 알기 쉽고 이해하기 쉬운 예를 들어 보겠습니다.

대한 민국에 살고 있는 우리는 사계절의 변화를 뚜렷이 느낄 수가 있습니다. 즉 봄·여름·가을·겨울의 변화는 지구가 지축이 기울어진 채 태양의 둘레를 돌고 있기 때문

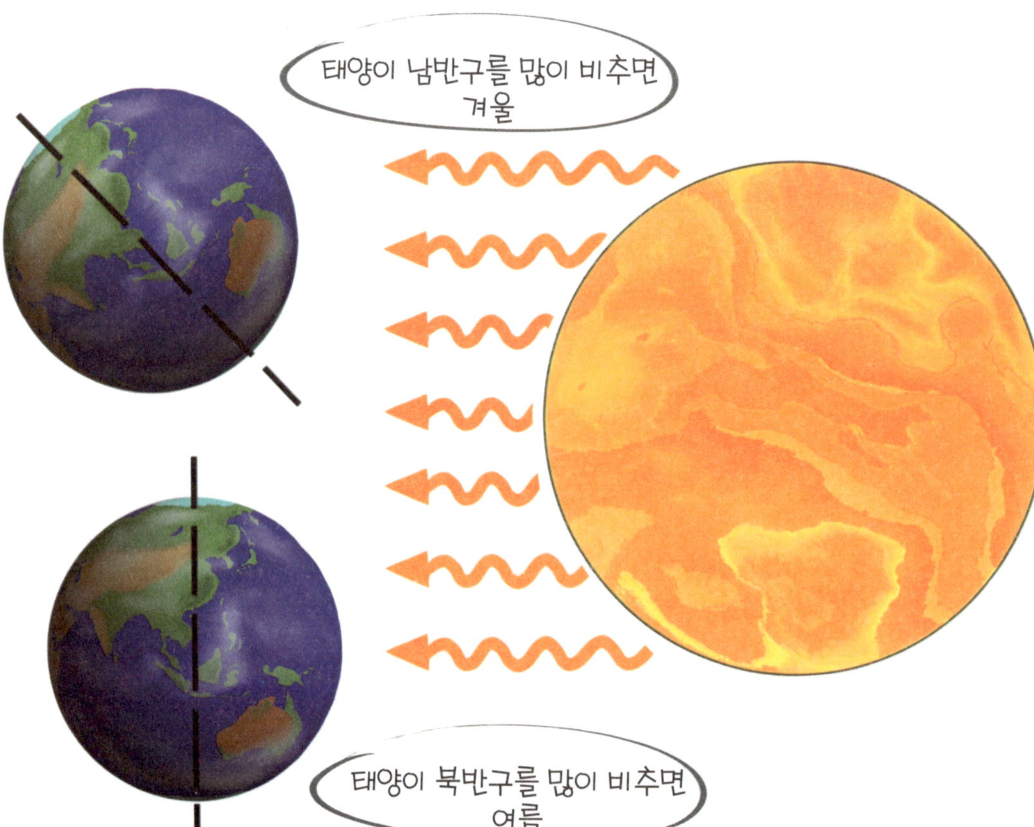

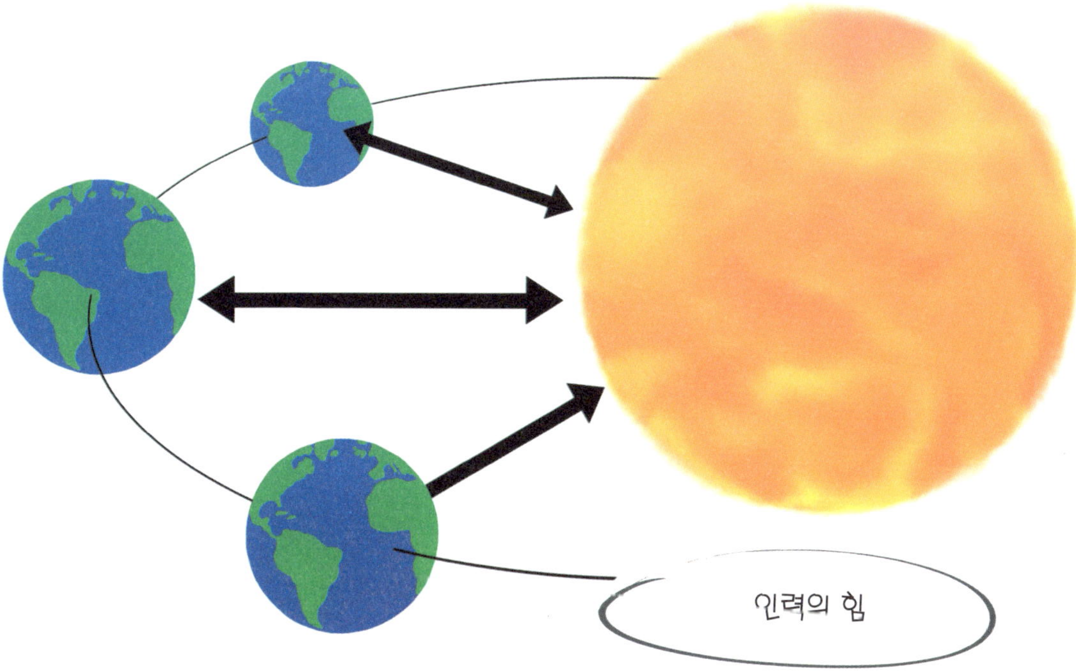

에 생기는 것입니다.

즉 태양이 북반구 쪽을 많이 비칠 때가 여름이 되며 남반구 쪽을 많이 비칠 때가 겨울이 됩니다. 물론 남반구에서 북반구로 옮겨가는 때가 봄과 가을이지요.

또 하나의 예로 밤하늘에서 볼 수 있는 별이 계절에 따라 다르다는 것을 들 수 있습니다.

겨울에 밤하늘을 관찰하면 우리는 오리온 자리를 볼 수 있습니다. 그런데 봄이 되면 오리온 자리는 점점 보이지 않게 되고, 그 대신 다른 별자리가 보입니다. 이것도 지구가 태양의 주위를 돌고 있기 때문에 생기는 현상이지요.

태양의 둘레를 일정한 주기로 돌고 있는 별은 8개가 있습니다. 이들을 '행성'이라고 부릅니다. 또 태양과 이 행성들을 합쳐서 '태양계'라고 합니다.

이 8개의 행성들을 태양에서 가까운 순서대로 늘어놓아 보지요. 수성 · 금성 · 지구 · 화성 · 목성 · 토성 · 천왕성 · 해왕성 순입니다.

그런데 이들 외에도 화성과 목성 사이에서 수만 개의 작은 별들이 태양의 둘레를 돌고 있습니다. 그 작은 별들을 '소행성' 이라고 부릅니다.

또 행성의 둘레를 돌고 있는 별들도 있습니다. 그 별들을 '위성' 이라 부릅니다. 예를 들면 지구라는 행성의 둘레를 달이라는 위성이 돌고 있는 것이지요.

얼마나 복잡하고 많은 별들의 움직임입니까!

그렇다면 태양은 뛰어난 교통 순경인가 봅니다. 지구를 비롯한 많은 별들이 태양의 둘레를 빠른 속도로 달리고 있는데도 한 번도 부딪친 적이 없으니까요.

사실 그렇게 많은 별들이 언제나 일정한 궤도를 따라 태양의 둘레를 돌 수 있는 이유는 '인력' 이라는 힘 때문입니다.

인력은 태양과 별들 사이에 작용하며 지구상의 모든 물체의 운동에도 작용하는 힘입니다. 인력이 없었다면 태양계는 물론 지구 위의 세상은 이루어질 수 없었을 것입니다.

한 번 생각해 보세요. 둥근 공 위에 지우개나 동전을 올려놓고 공을 돌리면, 지우개나 동전은 어떻게 될까요? 당연히 떨어지고 말 것입니다.

지구도 돌아가는 공과 같은 모양입니다. 그런데도 그 위에 건물을 짓고, 사람이 살 수 있는 이유는 지구가 지구 위의 물체를 밖으로 떨어져 나가지 않도록 끌어당기고 있기

지구는 강한 인력의 힘으로 지구 표면의 모든 물체를 지구 중심으로 끌어당기고 있는 것입니다.

때문입니다. 즉 지구는 강한 인력의 힘으로 지구 표면의 모든 물체를 지구 중심으로 끌어당기고 있는 것입니다. 자석이 쇠붙이를 끌어당기는 것과 같은 이치입니다.

이 인력의 법칙을 생각해 낸 사람은 물리학자 뉴턴이었습니다.

그는 어느 날 사과가 나무에서 떨어지는 것을 보고, 사과를 저절로 떨어지게 만드는 힘이 있다는 것을 생각해 냈습니다. 이 힘은 또한 달을 지구로 끌어당기는 힘이라는 것을 알았습니다. 그러나 달이 끌려와 지구에 떨어지지 않는 것은 달의 운동으로 생기는 원심력과 지구의 중력이 같기 때문입니다.

지구가 회전 운동을 할 때 생기는 원심력과 지구 내부에서 작용하는 인력을 합쳐서 '중력'이라고 합니다.

뉴턴이 발견한 이러한 사실들이 '만유 인력'의 법칙입니다. 뉴턴의 이와 같은 위대한 발견으로 태양계의 별들이 어떻게 해서 일정한 궤도를 돌면서 원운동을 할 수 있을까 하는 의문이 풀리게 된 것입니다.

푸른 행성 지구

우리가 살고 있는 푸른 행성이 바로 지구이다. 우주에서 봤을 때 푸른색의 바다, 녹색의 산과 갈색의 흙에 흰색의 구름이 조화를 이루고 있는 아름다운 행성이다.

지구의 나이는 약 46억 년이라고 알려져 있다. 원시 지구는 태양 주위의 미행성들이 뭉쳐져서탄생한 것으로추측하고 있다. 탄생 직후의 지구는 고온의 마그마 바다였으나 미행성의 충돌이 잠잠해지면서 냉각하기 시작하여 얇은 지각이 형성된다.

이산화탄소가 주성분이었던 원시 대기에 비가 내림으로써 바다가 형성되고, 이산화탄소가 바다에 녹아 하늘이 맑아진다.약 35억 년에서 25억 년 전쯤에는 지표의 온도가 현재 온도와 가까워졌고 지구 환경도 안정기에 접어든다. 그리고 35억 년 전 비로소 지구에 원시 생명이 탄생한다. 이것이 과학자들이 추측하는 지구 탄생의 이야기다.

(신비로운 달의 위상 변화)

저녁 하늘이 붉게 보이는이유는 단파장의 푸른색 가시광선뜰은 산란되어 흩어지고 붉은 계열의 장파장들이 우리의 눈에 도달하기 때문이다.
지구의 대기는 질소, 산소, 물, 아르곤, 이산화탄소 등으로 이루어져있다. 이산화탄소가 주를 이루는금성의 대기와다른 구성을 가지게 된것은 금성보다 태양에 멀리 떨어져 있어서 온도가 급상승하지 않았기 때문이다.

우리 인간은 지구의 자원을 이용하여 현재까지 살아왔다. 하지만 지구를 생각하지 않는 무분별한 산업화는 몇몇의 문제(이산화탄소 증가로 인한 온실효과, 염화플루오린화탄소(CFC)의 오존층파괴 등)를 발생시켜 인류에 위협을 가하고 있다. 또한, 앞으로 수십억 년 사이에 거대 운석의 충돌, 혹은 대륙이동에 따른 화산활동이나 기후변동 등에 의해 멸망할 가능성도 있다. 그러므로 지구를 아끼고 잘 보존 할 수 있도록 노력해야한다.

하늘은 마술사

흰빛 코로나

달은 지구의 위성입니다. 즉, 끊임없이 지구의 둘레를 돌고 있습니다.

태양과 달과 지구의 움직임을 한 번 그림으로 그려 보세요.

커다란 태양이 중앙에 멈추어 서 있고 그 태양의 둘레를 지구가 돕니다. 그리고 태양의 둘레를 돌고있는 지구의 둘레에는 달이라는 작은 별이 또 돌고 있습니다. 이것은 조금 복잡하지만 재미있는 그림입니다.

태양을 중앙에 두고 지구와 달은 운동을 계속합니다. 달과 지구와 태양의 위치에 따라 달과 태양은 우리에게 언제나 다른 모습을 보입니다.

어느 날에는 태양과 지구 사이에 달이 놓이게 되는 경우

도 생깁니다.

그러면 어떤 일이 벌어질까요?

달이 태양을 가리게 되지요. 이것을 '일식' 이라고 부릅니다. 일식에는 세 가지 종류가 있습니다.

그 하나는 '개기일식' 입니다. 개기일식은 달이 태양을 전부 가리는 것을 말합니다. 이 때에 우리는 평소에 볼 수 없는 태양 주변의 하얀 빛을 볼 수가 있습니다. 그 흰빛을 '코로나' 라고 부르는데 이 빛은 매우 아름답고 환한 빛입니다.

두번째는 '금환일식' 입니다. 금환일식은 달이 지구에서 멀어져서 태양보다 작게 보일 때 일어납니다. 달이 태양의 한가운데에 놓이는 현상으로 어떤 곳에서 보면 달이 태양 속에 들어가 박힌 듯 보입니다. 이 때 달이 태양의 중앙만을 가리므로 태양은 마치 반지나 굴렁쇠처럼 보이게 됩니다.

마지막은 '부분일식' 인데 우리가 제일 흔히 볼 수 있는 일식입니다 달이 태양을 완전히 가리지는 않고, 그 일부분만 가리는 것입니다. 부분일식은 달이 거의 태양을 가리는 정도에서부터 약간만을 가리는 것 등 여러 가지가 있습니다. 지구 위의 어떤 곳은 개기일식이나 금환일식은 생기지 않고 단지 부분일식만 보이는 곳도 있습니다. 일식은 부분일식까지 포함하면 계절마다 한 번 정도 생기는데 많이 일어나는 해에는 다섯 번까지도 일어납니다.

일식 때의 태양을 관찰할 때는 태양이 달에 완전히 가리워졌을 때 이외에는 눈으로 직접 보아서는 안 됩니다. 반드시 촛불에 그을린 유리판이나 색유리를 통해서 보아야 합니다. 그렇게 하지 않으면 눈이 매우 나빠집니다.

달과 지구가 태양 주위를 돌다보면 달과 태양 사이에 지구가 들어가 달이 이지러져 보이는 경우도 있습니다.

이것을 '월식' 이라고 합니다.

지구가 태양과 달 사이에 들어가면 지구의 그림자 때문에 달의 한 면이 또는 전부가 가려지는 것입니다. 달이 지구의 그림자에 전부 가려지면 '개기 월식'이라 하고 일부만 가려지면 '부분월식'이 되지요.

일식과 월식은 보통 1년에 네 번 정도 일어나고 있습니다. 그러나 보는 위치에 따라 그 모양이 다르게 나타나기 때문에 우리가 자주 볼 수는 없습니다.

사람이 만든 비

앞에서 인력에 관한 이야기를 했습니다. 오늘날 여러분이 볼 수 있는 모든 자연 환경은 인력에 의해서 지구 위에 이루어진 것입니다.

바다 역시 마찬가지입니다.

지구 표면의 4분의 3이 바다입니다. 그 넓고 넓은 바다의 엄청난 양의 물을 인력이 끌어당기고 있습니다.

인력의 힘이 얼마나 큰지 상상할 수 있지요?

이렇게 지구 표면의 대부분을 차지하고 있는 바다로 인해서 여러 가지 자연 현상이 만들어 집니다.

구름과 비가 생길 수 있는 것도 바다 때문입니다.

주전자에 물을 넣고 끓이면 김이 올라옵니다. 그 김을 '수증기'라고 부릅니다.

그런데 바다도 강한 햇볕을 받으면 바닷물이 수증기로 변해 날아갑니다. 바닷물의 양은 매우 많기 때문에 내보내는 수증기의 양도 아주 많습니다.

하늘로 올라간 수증기는 식어서 작은 물방울들이 됩니다. 더 하늘 높이 올라간 수증기는 얼어서 자잘한 얼음 알갱이가 되기도 합니다.

공기가 100미터 올라갈 때마다 약 1°C 정도 기온이 낮아지기 때문입니다.

구름은 낮은 하늘에서도 높은 하늘에서도 생기는데, 수증기가 식는 방법에 따라 여러 가지 모양의 구름이 생기게 됩니다.

앞에서처럼 따뜻한 수증기가 하늘로 올라가서 찬 공기를 만나 식어서 구름이 되는 경우가 있습니다.

그리고 수증기가 많이 모여 있는 따뜻한 공기 속으로 찬 공기가 들어가도 구름이 됩니다. 따뜻한 공기 속에 많이 섞여 있는 수증기가 차가운 공기에 닿으면 물방울로 변하기 때문이지요.

그 밖에 더운 공기가 높은 산을 넘을 때도 구름이 만들어집니다. 산꼭대기의 공기 온도는 차가우니까요.

또한 구름은 공기 속에 티끌 같은 먼지나 연기 등이 떠 있을 때 더 잘 생깁니다. 수증기가 알갱이를 중심으로 모이면 물방울이 되기 쉽기 때문입니다.

요즘에는 사람이 기계를 이용해서 구름을 만드는 실험을 하고 있습니다. 비를 오게 하기 위해서지요.

이렇게 사람의 힘으로 만든 비를 내리게 하는 것을 '인공 강우'라고 합니다.

그 방법은 비로 변하기 쉬운 드라이아이스를 뿌리는 것입니다.

그렇게 해서 구름의 온도를 낮추어 비가 오게 하는 것입니다.

다른 한 가지는 요오드화은을 잘게 부수어 그 알갱이를 구름 속에 뿌리는 방법입니다. 앞에서 수증기가 먼지나 연기 등을 중심으로 모이면 쉽게 물방울이 된다고 하였습니다. 마찬가지로 요오드화은의 작은 알갱이가 먼지나 연기

의 역할을 하는 것입니다. 그러면 그 알갱이를 중심으로 물방울들이 모이게 되고 무거워진 물방울들은 비로 변해 내리게 됩니다.

이 방법들은 아직 큰 효과를 거두고 있지는 못합니다.

그러나 인공 강우에 대한 실험은 꾸준히 계속되고 있으므로 머지않아 성공을 거둘 것이라고 생각합니다.

그 실험이 성공한다면 가뭄이 계속된다 하더라도 농사를 걱정할 필요가 없게 되는 것입니다.

옛날 우리의 조상들은 비가 오지 않으면 '기우제'를 지냈습니다. 비를 내려 달라고 하늘의 신에게 기도를 올리는 것입니다.

하늘의 날씨는 변덕이 심해서, 어느 때는 많은 비를 내려 홍수가 납니다. 그리고 어느 때는 몇 달 동안 비가 내리지 않아 논밭이 다 갈라지도록 가뭄이 들기도 해서 흉년이 들고, 많은 사람이 굶주리는 고생을 합니다.

이러한 비를 만드는 구름의 모양과 종류에는 여러 가지가 있습니다. 그것들을 크게 높은 층의 구름(상층운), 중간층의 구름(중층운), 낮은 층의 구름(하층운), 그리고 수직으로 뻗은 구름(적란운) 이렇게 넷으로 나눕니다.

높은 층의 구름이라고 하는 것은 6~13킬로미터 높이의 높은 하늘에 생기는 구름입니다.

대부분 구름의 빛깔은 새하얗습니다. 이 높은 층의 구름 가운데 가느다란 줄을 그은 듯한 모양의 구름을 새털구름이라고 부르고, 물고기의 비늘 모양으로 떠 있는 구름은 비늘구름이라고 부릅니다. 그리고 솜털을 엷게 편 것같이 퍼져 있는 구름이 햇무리구름입니다.

이보다 낮은 곳에 생기는 구름, 즉 중간 층의 구름은 대체로 2~7킬로미터 정도의 높이에 나타납니다.

그 중에서 둥글둥글하게 덩어리진 구름을 양떼구름, 회색빛 막과도 같이 하늘을 덮고 있는 구름을 회색차일구름이라고 합니다.

땅 위에서 약 2킬로미터 이내의 낮은 하늘에 두껍고 검게 나타나는 구름이 낮은 층의 구름입니다.

낮은 하늘 가득히 덮인 구름을 두루마리구름이라 부르

고, 모양이 일정하지 않고 여러 층을 이루는 구름을 비구름이라고 합니다.

또 낮은 하늘에 나타나는 안개 같은 구름은 산안개구름입니다.

산 모양으로 하늘에 우뚝 솟은 구름은 소나기구름이고, 뭉실뭉실 떠 있는 구름은 뭉게구름입니다.

소나기구름은 커다란 구름의 산과도 같이 꼭대기가 구름의 봉우리를 이루고 있습니다.

구름 중에는 이 밖에도 여러 가지 색다른 것이 있습니다.

높은 산꼭대기에 우산을 씌운 것같이 나타나는 삿갓구름이 있습니다. 비행기가 높은 하늘을 날 때 그 뒤에 생기는 띠 모양의 비행구름도 있습니다. 비행구름은 비행기가 내뿜는 배기 가스 속에 포함된 티끌이 중심이 되어 주위의 수증기가 물방울을 만들기 때문에 생기는 구름입니다.

구름의 양은 '운량' 이라는 이름으로 나타냅니다. 구름이 한 점도 없을 때를 운량 0이라고 부릅니다. 운량이 0에서 2까지일 때의 날씨를 '맑음' 이라고 합니다. 운량이 3에서 7까지일 때의 날씨는 '흐림' 이 됩니다.

비나 눈이 오고 있을 때는 대개 하늘 가득히 구름이 끼어 있어 운량은 10이 됩니다.

그런데 구름은 어떻게 해서 비가 되어 내릴까요?

비가 내릴 때에 하늘은 온통 먹구름으로 덮여 있습니다. 따라서 구름으로 인해 비가 내린다는 것을 알 수 있습니

운량의 기호

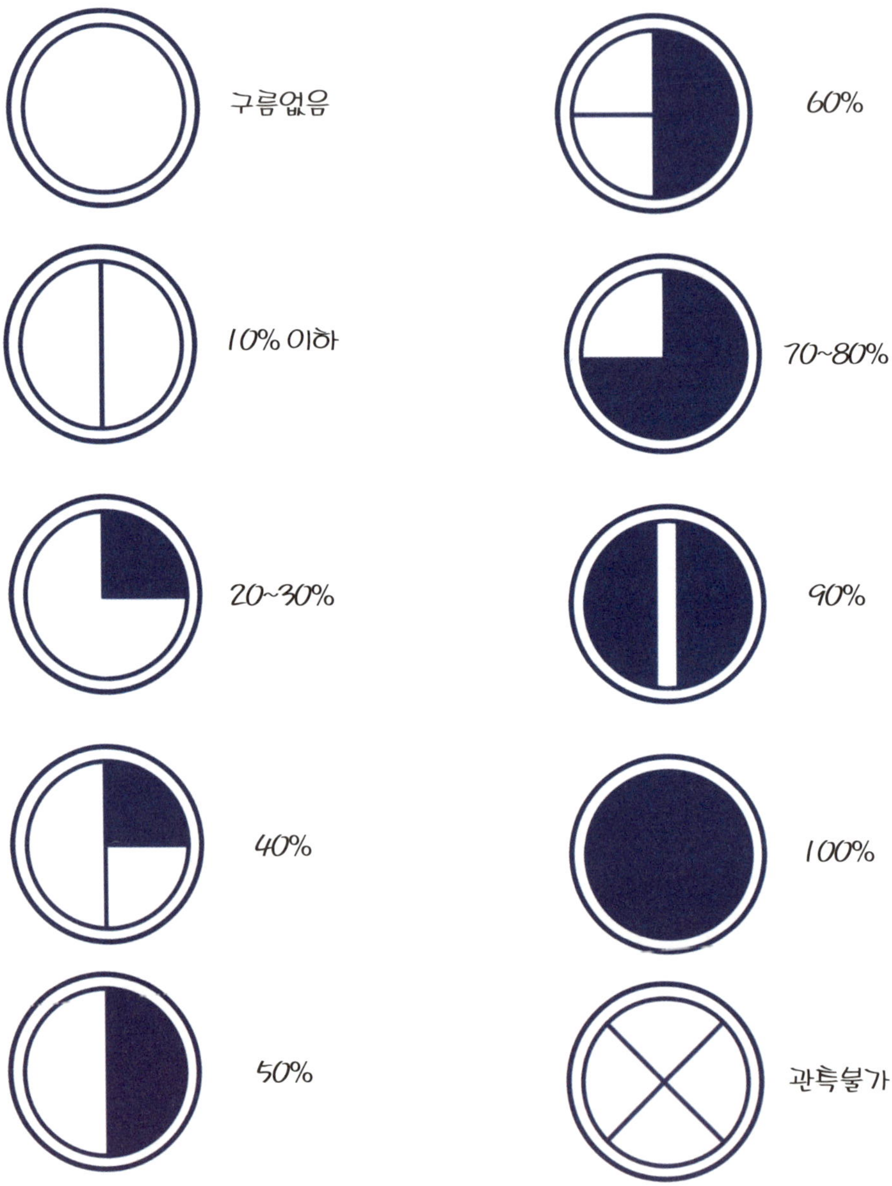

다.

앞에서 말했듯이 지구 표면의 4분의 3을 차지하는 바닷물은 태양열로 뜨거워져 쉴 새 없이 수증기가 날아오릅니다.

이 때문에 공기 속에는 수증기가 많이 섞여 있습니다.

수증기를 머금은 공기는 하늘 높이 올라가다가 차가운 온도와 만나게 됩니다. 차가운 온도와 부딪친 수증기는 아주 작은 물방울이 됩니다.

이 작은 물방울은 공기 속에 떠 있는데 이것이 구름인 것입니다. 구름을 만들고 있는 이 물방울들은 서로 달라붙어 큰 물방울이 됩니다. 큰 물방울이 되면 무거워서 공기 속에 떠 있을 수가 없게 되어 아래로 떨어지게 됩니다.

이것이 비입니다.

비에는 큰 물방울이 모인 비와 작은 물방울이 모인 비가 있습니다.

소나기는 빗방울이 커서 지름이 3밀리미터나 됩니다.

이런 빗방울은 무겁기 때문에 폭포수와 같이 쏟아지는 것입니다.

소나기가 내릴 때의 빗방울은 1초에 7미터의 속도로 떨어집니다.

가랑비의 빗방울 지름은 0.2밀리미터 정도입니다. 어쨌든 빗방울의 크기와는 관계없이 소나기이든 가랑비이든 비로 내려진 물방울들은 길고 긴 여행을 합니다.

비로 내린 물방울들이 어디로 가는지 따라가 볼까요?

구름은 헤아릴 수 없이 많은 물방울들의 모임입니다.

여러 가지 이유에 의해 무거워진 물방울들은 비가 되어 땅으로 내려갑니다. 그 중에 어떤 빗방울은 땅 속으로 깊이 스며듭니다. 또 어떤 빗방울은 얕은 물웅덩이에 고입니다. 이렇게 얕은 웅덩이에 고인 빗방울의 여행은 짧게 끝납니다.

또 다른 빗방울은 보리나 나무, 풀 등의 뿌리 속으로 빨려들어갑니다. 그리고 실개천에 떨어진 빗방울들은 낮은 곳으로 낮은 곳으로 자꾸만 흘러갑니다. 강에서는 더 많은 빗방울들이 모입니다. 이들은 흐르고 흘러 결국은 바다에 모이게 됩니다. 흐르는 도중 수증기가 되어 하늘로 올라가 버리는 빗방울들도 있습니다.

바다에 모인 빗방울들이 짠 바닷물과 섞여 출렁이고 있는 바다 위로 뜨거운 햇볕이 쏟아집니다. 햇볕을 받은 바다 표면의 물은 수증기가 되어 하늘로 올라갑니다. 그러다가 찬 공기를 만나면 다시 구름이 되는 것이지요.

이와 같은 여행을 빗방울들은 끊임없이 계속합니다. 아무리 많은 비가 내려도 바닷물이 넘치지 않는 이유는 바로 이 빗방울의 여행 때문입니다.

비가 그친 뒤에 여러분은 가끔

하늘에서 일곱 빛깔의 아름다운 띠를 볼 수 있습니다. 이것이 바로 '무지개' 입니다.

옛날 사람들은 그 무지개의 끝에는 세상에서 제일 귀한 보물이 숨겨져 있다고 생각했습니다. 또는 하늘의 선녀들이 목욕을 하기 위해 타고 내려오는 다리라고도 생각했습니다.

하지만 이 무지개는 그저 물방울들의 모임일 뿐입니다. 그렇다면 물방울들이 어떻게 해서 아름다운 색깔의 띠를 만드는 것일까요?

여러분 중에는 세모기둥 모양으로 생긴 유리 덩어리를 본 사람이 있을 것입니다. 그것은 '프리즘' 이라는 것입니다.

프리즘에 햇빛을 비추면, 햇빛은 일곱 가지 색깔로 나뉘어 나옵니다.

햇빛은 우리가 맨눈으로 볼 때는 아무 색깔도 없는 것 같이 보입니다. 그러나 사실은 그 속에 일곱 가지 빛깔이 섞여 있습니다.

이 햇빛 속에 있는 일곱 가지 색깔의 빛은 어떤 물질 속을 지날 때 그 꺾이는 정도가 제각기 다릅니다. 어떤 색깔은 물질을 지날 때 꺾이는 각도가 심하고 또 어떤 색깔은 작은 각도로 꺾입니다.

여러 색 중에 빨강색이 제일 심하게 꺾이고, 보라색은 제일 약하게 꺾입니다. 나머지 색들은 그 중간에 속합니다.

그래서 꺾이는 각도의 정도에 따라 빨강 · 주황 · 노랑 · 초록 · 파랑 · 남색 · 보라의 순서로 일곱 가지 빛깔의 띠가 만들어지는 것입니다.

육각형의 결정

여러분은 아마 비보다 눈을 더 좋아할 것입니다.

겨울이 되면 하얀 눈이 많이 내립니다. 그 눈은 어떻게 해서 내리는 것일까요?

겨울에 기온이 내려가 0℃ 이하로 추워지면 공기 속의 수증기는 얼어 버리고 맙니다. 공기 속의 수증기가 얼 때에는 공기 속에 떠 있는 작은 먼지를 중심으로 작은 얼음 알갱이를 만듭니다. 그것이 그대로 떨어져 내려오는 것이 눈입니다.

눈에는 여러 가지 종류가 있지만, 대표적인 것이 '싸락눈'과 '함박눈'일 것입니다. 싸락눈은 기온이 몹시 낮을 때 내리는 눈입니다. 그 눈은 꽁꽁 얼어붙었기 때문에 옷에 내렸다가도 털면 금방 굴러 떨어지는 눈가루입니다.

그러나 함박눈은 습기를 머금어 부드러운 눈입니다. 하늘에서 내려오는 모습이 아주 탐스러우며, 눈사람을 만들기에 좋은 눈이지요. 그 이유는 잘 뭉쳐지기 때문입니다. 또한 금방 녹아 버리기 때문에 옷에 맞으면 그대로 스며듭

니다.

함박눈의 크기는 2센티미터쯤 되는 것이 보통입니다. 함박눈이 이렇게 큰 이유는 무엇일까요? 그것은 함박눈이 눈알갱이들의 모임이기 때문입니다. 공기 속의 기온이 높아지면 눈의 표면이 녹아서 눈알갱이들이 서로 달라붙습니다. 그래서 커다란 눈송이가 되는 것입니다.

눈과 비가 섞여 같이 내리는 때도 있는데 이것을 '진눈깨비'라 합니다.

하늘에서 눈이 내려오는 도중에 갑자기 0℃ 이상의 공기층과 만나면 눈의 일부가 녹아 비가 됩니다. 그리고 채 녹지 않은 나머지는 그냥 눈으로 내리기 때문에 이런 현상이 생깁니다.

또한 공기 속의 수증기가 갑자기 0℃ 이하의 차가운 공기를 만나면 '우박'으로 변합니다.

우박은 수증기가 얼어서 둥근 모양의 알갱이를 이룬 것입니다. 우박은 대개 상승 기류가 있는 곳에 생깁니다.

상승 기류란 대기가 위쪽으로 흘러 올라가는 것을 말합니다. 작은 얼음 덩어리가 상승 기류에 의해 올라가기도 하고 떨어져 내려오기도 하는 사이에 점점 커집니다.

우박은 콩알만한 것이 보통인데, 큰 것은 달걀만 한 것도 있고, 간혹 어른의 주먹만한 것도 있습니다.

눈도 우박처럼 얼음의 한 가지임에는 틀림이 없지만 공기가 얼면서 고운 결정이 된 것입니다. 이 눈의 결정에는 여러 가지가 있습니다. 하늘의 기온이 높고 낮음이나 수증기의 많고 적은 것에 따라서 결정의 모양이 달라집니다.

하지만 보통은 넓적한 육각형입니다.

눈의 결정이 생길 때에는 먼저 핵을 중심으로, 한 개의 축이 만들어집니다.

그 다음 여섯 개의 가지가 뻗고 그 가지에 잔가지가 덧붙습니다.

눈의 결정을 조사하면 하늘의 기온을 알 수 있습니다.

그리고 공기가 수증기를 머금고 있는 정도, 즉 습도도 알 수가 있습니다.

옷 위에 떨어진 눈을 자세히 들여다보세요. 육각형으로 생긴 고운 눈의 결정을 볼 수 있을 것입니다.

그런데 모든 사람들이 눈을 좋아하는 것은 아닙니다. 눈이 많이 내리는 지방에 사는 사람들은 눈사태에 시달리고 있습니다.

우리 나라의 섬 중에서는 울릉도에 많은 눈이 내립니다. 육지에서는 원산과 강릉을 잇는 동해안의 산간 지방에 많은 눈이 내립니다.

세계에서 눈이 많이 내리기로 유명한 지역은 일본의 홋카이도와 동북 지방의 해안입니다.

일본에는 겨울이 되면 차가운 바람이 시베리아에서 불어옵니다. 그 바람이 섬나라 일본의 등뼈처럼 솟아 있는 산지나 산맥 등에 부딪혀 눈을 내리게 합니다. 즉 동쪽 바다를 넘어오는 찬바람은 바다에서 많은 습기를 빨아들입니다. 그것이 높은 산을 따라 올라가는 동안에 많은 구름을 만들게 됩니다. 그리하여 엄청난 양의 눈이 내리는 것입니다.

이렇게 눈이 많이 쌓이면 눈사태가 일어나기 쉽습니다. 눈사태는 산의 가파른 부분에 쌓인 눈이 갑자기 미끄러져 내리는 것입니다. 이 때 흙이나 바위 등이 함께 굴러 떨어지므로 아주 위험합니다.

눈을 굴러 떨어지게 하는 힘은 무엇일까요? 네, 그렇습니다. 바로 중력의 힘 때문이지요.

앞에서 말한 대로, 지구 중심의 핵은 중력으로 지구 표면의 모든 물질을 끌어당기고 있습니다.

눈사태는 일어난 형태, 눈의 성질, 미끄러지는 면의 위치 등에 따라 여럿으로 나눕니다.

일어난 형태에 따라서 '점발생'과 '면발생'으로 나눕니다. 점발생 눈사태는 그 규모가 작은 것을 말합니다. 그래서 점이라는 말을 붙인 것이지요.

면발생 눈사태는 넓은 지역에 걸쳐 일어납니다. 그러므로 점보다 큰 단위인 면이란 이름을 붙인 것입니다. 눈사태는 사고의 위험이 매우 큽니다.

또 사고가 난 눈의 성질에 따라 '건설'과 '습설'로 나눕니다. 습설은 물기를 머금고 있는 눈이고, 건설은 마른날이라는 뜻으로 물기가 많지 않은 눈을 말합니다.

마지막으로, 미끄러지는 면의 위치에 따라서 눈사태를 두 가지로 나눕니다. 미끄러져 내린 눈이 쌓인 눈의 위쪽이면 '표층'이라 부릅니다. 그리고 땅의 표면에 있었으면 '전체층'이라고 부릅니다.

이 말들은 어려운 것처럼 여겨지지만 사실은 아주 쉬운 말입니다. 표층이란 겉부분을 말합니다. 즉 쌓여 있던 눈의 겉부분이 미끄러져 내린 것을 나타내는 것이지요. 전체층이란 쌓여 있던 눈이 전부 미끄러져 내려서 흙이나 바위 등의 땅 표면이 드러난 것을 말합니다.

어느 쪽이 더 큰 눈사태인지 짐작이 가지요? 앞에서 살펴본 것에 따라서 눈사태는 다음의 여섯 종류로 나뉩니다.

① 점발생 건설 표층 눈사태
② 면발생 건설 표층 눈사태
③ 면발생 건설 전체층 눈사태
④ 점발생 습설 표층 눈사태
⑤ 면발생 습설 표층 눈사태
⑥ 면발생 습설 전체층 눈사태

하나하나씩 살펴보도록 하지요.

①은 주로 날씨가 추울 때 일어납니다.

벼랑 끝에 뾰족하게 얼어붙어 있던 눈더미나 나뭇가지 위에 쌓인 눈이 떨어지면서 일어납니다.

①은 이렇게 조그만 눈덩이가 원인이 되는 경우가 많습니다. 또 새나 산짐승들의 움직임에 의해서도 일어납니다.

②는 신설 눈사태라고 부릅니

다. 신설이란 '새로 내린 눈'을 말합니다.

예를 들어, 아침에 많은 눈이 내리다가 그쳤습니다. 낮이 되자 쌓여 있는 눈의 겉부분이 잠깐 비친 햇볕을 받아 녹습니다. 그러다 밤이 되어 기온이 다시 내려갑니다.

그럼, 어떻게 될까요? 눈의 녹은 겉부분이 얼게 되겠지요. 그런데 그 위에 또 눈이 내려 쌓입니다. 즉, 얼어서 반들반들한 눈 위에 다시 눈이 쌓이는 것이지요.

윗부분에 새로 내린 눈들은 중력의 힘에 끌려 아래로 미끄러져 내리게 됩니다. 새로 내린 눈을 붙잡아 둘 마찰의 힘이 없으니까요.

간단한 실험으로 눈사태 ②가 일어나는 이유를 알아봅시다.

첫번째 실험은 까칠까칠한 모직천에 밀가루를 뿌리는 것입니다. 물론 모직천의 한쪽을 높이하여 산처럼 비스듬하게 만들어야 합니다.

이 경우 뿌려진 밀가루는 아래쪽으로 잘 흘러내리지 않습니다. 밀가루는 거칠거칠한 모직천의 올에 걸려 아래로 내려가지 않는 것입니다. 천과 밀가루가 부딪칠 때의 힘, 즉 마찰력에 의해서지요.

산이나 언덕의 겉표면은 모직천과 마찬가지로 매우 거칠어서 눈이 쌓일 수 있습니다.

다음은 거울을 비스듬히 세우고 거기에 밀가루를 뿌려봅시다. 밀가루는 어떻게 될까요? 아래쪽으로 흘러내리고 맙니다.

녹았다가 얼은 눈의 표면은 거울과 같이 미끄럽습니다. 따라서 새로 내린 눈은 밀가루가 거울에서 흘러내리듯 어느 정도 쌓이면 미끄러져 내립니다.

이러한 눈사태는 겨울 동안 자주 일어납니다. 또한 큰 사건을 일으키지는 않더라도 새로 내린 눈이 먼저 내린 눈의 표면에 달라붙지 못하므로 바람에 쉽게 날리게 됩니다. 그래서 강한 눈보라를 만듭니다. 심한 눈보라로 산 밑에 있는 집들이 묻혀 버리기도 합니다.

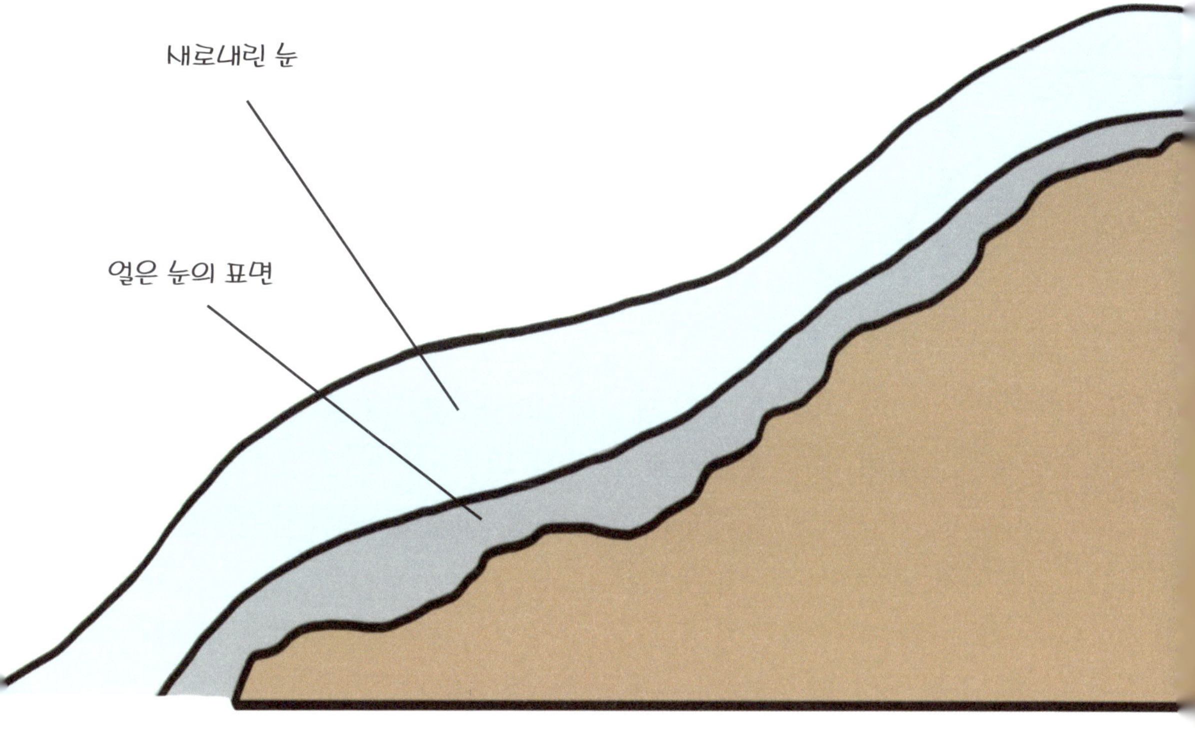

③은 ②와 비슷한 눈사태인데 그 규모가 더 큰 것입니다.

이미 쌓여 있는 눈 위에 갑자기 많은 양의 새 눈이 쌓입니다. 그러면 그 무게 때문에 먼저 내렸던 눈까지 합쳐져 전체가 흘러내리며 눈사태를 일으키는 것입니다.

④는 20~30센티미터 정도 쌓인 새 눈의 층이 맑은 날씨나 갑작스런 따뜻한 기온에 녹아 일어나는 눈사태입니다.

⑤ 역시 ④와 마찬가지인데 그 규모가 보다 더 큰 것입니다.

⑥은 봄철에 많이 생깁니다. 겨울에는 기온이 높을 때 일어나기 쉽습니다.

기온이 높아지면 눈이 녹습니다. 이 녹은 눈이나 빗물이 쌓인 눈에 스며듭니다. 그러면 눈이 녹아 흐르는 틈이 생기게 됩니다. 물이 된 눈은 산의 표면과 쌓인 눈의 밑바닥 사이를 흐릅니다. 눈이 많이 녹아 흐를수록 그 틈은 더 커집니다.

따라서 밑바닥까지 뜨게 되므로 무거워진 눈은 아래로 떨어져 내립니다. 이 때 산비탈의 흙과 자갈이 섞여서 떨어지므로 큰 눈사태가 벌어집니다. 요란한 소리와 함께 무너져 내리면서 나무를 뿌리째 뽑아 쓰러뜨리기도 합니다.

이렇듯 이 ⑥의 눈사태는 무서운 파괴력을 가지고, 등산을 하는 사람들이나 산 아래 마을을 덮칩니다. 따라서 제일 위험한 눈사태지요.

태풍의 눈

지구 위에는 항상 바람이 불고 있습니다. 이 바람을 일으키는 것은 무엇일까요?

옛날 사람들은 하늘에 바람의 신이 살고 있다고 믿었습

니다. 이 바람의 신이 구름을 타고 다니면서 어마어마한 힘으로 바람을 일으킨다고 믿었던 것이지요.

하지만 바람을 일으키는 신이란 없습니다.

바람은 공기의 흐름입니다.

공기는 쉬지 않고 여기저기를 흘러 다닙니다. 공기가 옆으로 흐르는 것을 바람이라고 합니다. 공기가 위로 흐르는 경우는 '상승 기류' 라고 하고, 아래로 흐르는 경우는 '하강 기류' 라고 합니다.

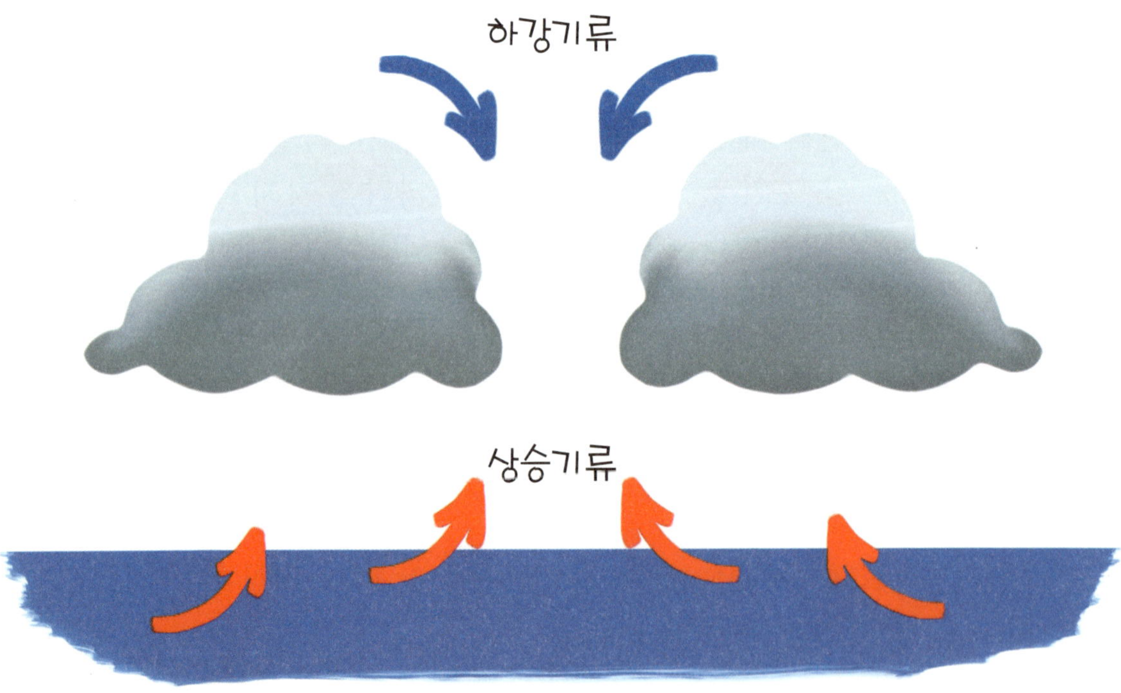

지구의 온도는 끊임없이 변화하고 있습니다. 이 온도는 장소에 따라서도 달라지고, 아침 · 점심 · 저녁에 따라서도 달라집니다. 또한 계절에 따라서도 다릅니다.

그것은 장소와 시간이 다르면 태양이 비치는 정도도 다르기 때문입니다.

바람은 온도가 서로 다른 지역에서 일어나는 것입니다.

뜨거운 공기는 차가운 공기보다 가볍습니다.

목욕할 때를 생각해 보세요. 손을 대보면 뜨거운 목욕통의 물이 막상 목욕통으로 들어가면 알맞게 따뜻합니다. 그러니까 목욕통의 물은 아래쪽이 차고 위쪽이 뜨거운 것입니다.

뜨거운 공기는 찬 공기에 비해 더 가볍기 때문에 그만큼 땅 위를 내리누르는 힘이 약합니다.

태양열을 많이 받으면 공기는 더 뜨거워집니다. 반대로 태양열을 약하게 받은 공기는 덜 뜨거우므로 무게가 무겁습니다. 따라서 땅 위를 내리누르는 공기의 힘도 각각 다릅니다.

이 공기의 힘을 '기압' 이라 부릅니다. 기압의 차이는 어떻게 느낄 수 있을까요?

예를 들어 높은 산에 오르면 귀가 멍멍해집니다.

지구 위는 공기로 꽉차 있습니다. 땅 위에서 높은 하늘까지 쌓여 있습니다. 그러므로 아래쪽의 공기는 위의 공기에 눌려 있는 것입니다. 그래서 높이 올라갈수록 기압은 낮아

지게 됩니다.

높은 곳에서 귀가 멍멍해지는 것은 낮은 기압이 귓속의 고막을 밀어대기 때문입니다.

즉, 산 위의 기압과 산 아래의 기압이 다른 것을 알 수 있습니다.

텔레비전이나 라디오에서 하는 일기 예보를 들은 적이 있을 것

입니다. 일기 예보에서는 '고기압', '저기압' 등의 말을 자주 사용합니다.

어떤 곳의 기압이 둘레의 기압보다 낮으면 저기압이라 하고, 둘레의 기압보다 높으면 고기압이라 합니다.

기압이 낮은 곳, 즉 저기압에서는 공기의 흐름이 약합니다. 바람은 그 중심을 향해 불지요. 이와 반대로 기압이 높은 곳, 즉 고기압인 곳에서는 중심에서부터 바깥쪽을 향하여 바람이 붑니다.

태풍이 생성되는 모습

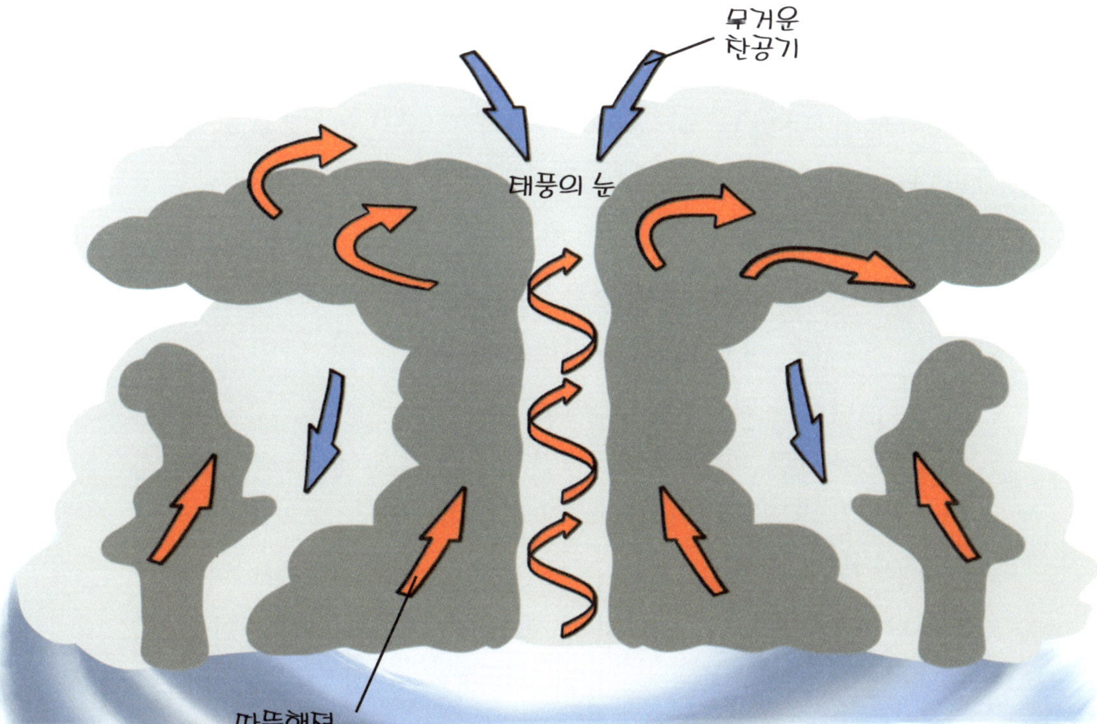

공기는 고기압에서 저기압으로 흐릅니다. 그러므로 바람은, 덥혀져 가벼워진 공기가 위로 올라가면 무거운 찬 공기가 그 밑으로 흘러들어서 생기는 것입니다.

이러한 바람이 거세져서 비와 함께 휘몰아치는 것을 '태풍' 이라고 부릅니다.

태풍은 주로 7월부터 10월 사이에 일어나는데 우리 나라에 불어닥치는 태풍은 주로 남쪽 바다에서 생겨납니다.

한 해 동안 이 세상에는 약 30개 정도의 태풍이 생깁니다. 가장 많이 태풍이 생긴 해는 1950년이었는데, 이 때는 무려 44개의 태풍이 한 해 동안에 있었다고 합니다.

또 단 한 개의 태풍도 발생하지 않은 해도 있었습니다. 1958년이었지요.

보통 우리 나라는 한 해에 약 10개 정도의 태풍이 지나갑니다.

태풍이 나아가는 길은 일정하지 않습니다. 하지만 7월에서 8월에 걸쳐 생기는 태풍은 대부분이 중국을 거쳐 우리 나라로 옵니다. 9월경에 생기는 태풍은 우리 나라에서 일본으로 건너갑니다.

태풍은 무서운 속도로 날아갑니다. 남쪽에서 발생한 태풍이 순식간에 북쪽으로 불어닥칩니다.

태풍은 도대체 얼마나 빠를까요?

태풍은 처음에는 1시간 만에 약 20킬로미터 정도의 속도입니다. 그러다가 점점 빨라져서 1시간에 약 360킬로미터의 속도로 달리기도 합니다.

태풍이 생겨나서 사라질 때까지는 약 1주일에서 1개월 정도가 걸립니다. 이 태풍의 일생을 보통 4가지 단계로 나눕니다.

그 첫째를 '형성기' 라고 부릅니다.

형성기란 태풍이 만들어지는 시기를 말합니다.

더운 지방의 바다 위를 태양이 뜨겁게 내리쬐면 수증기는 하늘로 올라가고 공기는 자연히 더워집니다. 그렇게 되면 수증기를 머금은 더운 공기는 한자리에 모여 작은 소용돌이를 이루게 됩니다.

이렇게 발생하여 아직은 커다란 힘을 갖지 못한 단계가 형성기입니다.

두번째가 '성장기' 인데 태풍이 조금씩 강해지는 시기를 말합니다. 그러나 완전히 발달된 상태는 아니어서 그 미치는 영향이 그다지 크지는 않습니다.

그 다음은 '최성기' 라고 부릅니다. 즉 최고로 성장한 시기라는 뜻이지요. 가장 강한 태풍으로 폭풍과 함께 여기저기를 휘몰아치며 움직입니다.

마지막은 '쇠약기' 입니다. 태풍의 힘이 약해지는 시기를 말하는 것이지요.

우리 나라에 불어닥치는 태풍은 주로 이곳 저곳을 돌아다니며 성장기를 거친 최성기일 때의 태풍입니다. 따라서 심한 폭풍우를 몰고 오는 것이 보통입니다.

그러면 태풍은 어떤 모양을 이루고 있는지 알아봅시다.

태풍의 가운데 부분은 가장자리에서 중심을 향해 센 바람이 불기 때문에 공기가 위로 치솟습니다.

위로 치솟는 이 공기의 흐름은 하늘 높이 올라가며 바다 위의 공기를 빨아올립니다. 그러면 당연히 바다 위의 기압은 낮아지게 됩니다.

공기는 기압이 높은 곳에서 낮은 곳으로 흐르기 때문에 공기들이 바다 바로 위의 낮은 기압 쪽으로 밀리는 것입니다. 이렇게 해서 흘러들어온 공기는 다시 하늘로 빨려올라갑니다.

이것이 자꾸 반복되다 보면 엄청난 양의 구름이 만들어지게 됩니다. 하늘로 올라간 공기가 차가운 공기를 만나면 두꺼운 구름으로 변하게 되니까 말이지요.

그러나 소용돌이치며 흘러들어가는 공기의 흐름은 중심에 가까워짐에 따라 점차 그 힘이 약해집니다. 따라서 중심에 가서는 바람이 없어집니다.

태풍의 중심에는 지름 20~30킬로미터에 걸쳐 바람이 없으며, 구름이 끊어지는 부분이 생깁니다. 이것을 '태풍의 눈'이라고 부릅니다.

바람과 구름의 소용돌이 중앙에 구멍이 뚫린 모양이 꼭 눈을 닮았다고 해서 붙여진 이름입니다.

태풍의 눈을 중심으로 바다 위로 나온 태풍은 육지에 오르게 되면 산 등에 막혀 그 힘이 약해집니다.

힘이 약해지면 태풍의 눈도 갑자기 작아집니다.

이런 이유 때문에 땅 위에서는 상당히 큰 태풍이 아니면 태풍의 눈을 볼 수 없습니다.

큰 태풍이 다가오면 기압은 빠르게 내려갑니다. 그리고 점차 센 바람이 불기 시작합니다.

태풍은 큰 원을 그리면서 앞으로 나아갑니다.

태풍은 그 나아가는 방향의 오른쪽과 왼쪽의 바람 세기가 각기 다릅니다.

즉 태풍이 나아가는 방향의 한쪽에서는 태풍이 나아가는 방향과 태풍의 중심으로 부는 방향이 겹쳐 바람의 속도는 상당히 빨라집니다. 하지만 반대쪽에서는 방향이 거꾸로

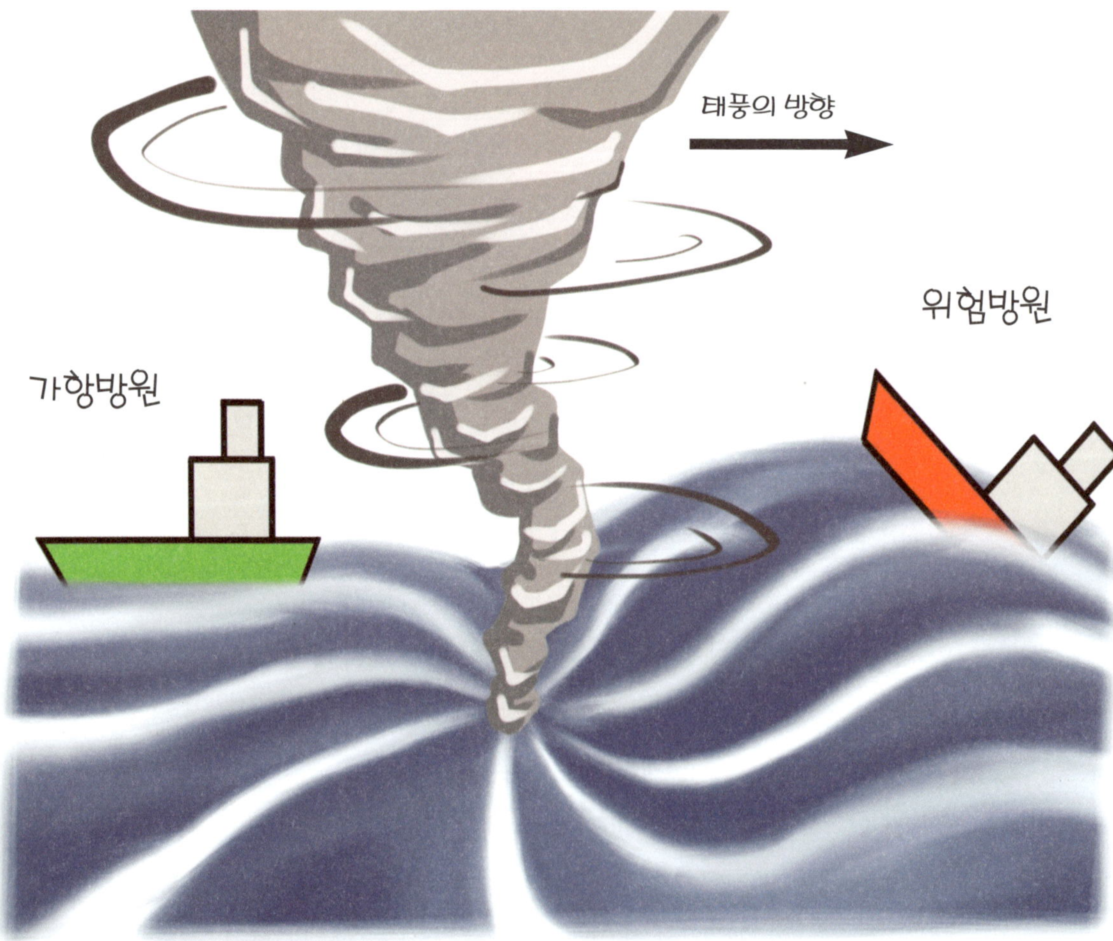

되기 때문에 바람의 속도는 점차 늦어집니다.

이렇게 바람의 속도가 약한 곳을 '가항 반원'이라 부릅니다.

가항 반원의 의미를 풀어 보지요.

그것은 항해가 가능한 반쪽 원이라는 뜻입니다.

바다 위에서 태풍이 불고 있을 때도 이 가항 반원 쪽에서는 배가 다닐 수 있기 때문입니다.

바람의 속도가 매우 빠른 한쪽은 '위험 반원'이라 부릅니다. 즉 위험한 반쪽 원이란 뜻이지요.

바다 위에서 태풍을 만났을 때는 이 위험 반원을 피해야 합니다. 그렇지 않은 경우 배가 부서지거나 가라앉게 되기 때문입니다.

태풍은 구름과 함께 몰려다니므로 큰 비와 함께 휘몰아치는 것이 보통입니다.

태풍이 불 때의 비는 태풍의 중심에 가까울수록 세게 쏟아집니다.

그러나 앞에서 말한 대로 태풍의 눈 쪽에는 비구름이 없기 때문에 비는 내리지 않습니다.

태풍이 가까이 오면 그 센 바람 때문에 바닷가 주변의 파도는 크게 칩니다.

또한 태풍의 중심 가까이는 기압이 낮기 때문에 바다 표면의 물을 높이 끌어올립니다.

그러므로 높은 파도가 생기게 되는 것이지요.

파도는 4미터나 높이 치솟을 때도 있습니다.

사실 태풍의 피해는 센 바람의 피해보다도 큰 비로 인한 홍수나 높은 파도의 피해가 훨씬 더 많습니다.

큰 비는 산사태를 일으키기도 합니다. 흙이나 바위가 무너져 내려 산 밑의 집을 덮어 버립니다.

또는 많은 양의 강물이 넘쳐서 강 근처의 건물들과 사람들을 위험에 빠뜨리기도 합니다.

그리고 태풍이 부는 계절은 벼가 한창 익을 무렵이기 때

문에 벼농사에 끼치는 피해가 매우 큽니다.

따라서 태풍이 어느 방향으로 오느냐를 미리 안다는 것은 매우 중요한 일입니다. 태풍의 피해를 조금이라도 줄일 수 있으니까 말이지요.

요즈음에는 발달된 기술을 가지고 태풍의 방향을 미리 알아보기도 합니다.

그러나 그 방향을 정확하게 알아 낼 수는 없습니다.

태풍처럼 지구를 무질서하게 만드는 바람이 또 있습니다. 바로 회오리바람입니다.

회오리바람도 태풍처럼 큰 것과 작은 것이 있습니다. 여러분 중에는 운동장이나 또는 넓은 길 등에서 규모가 작은 회오리바람을 보았을 것입니다.

작은 회오리바람은 먼지와 나뭇잎들을 말아서 하늘 높이 올라갑니다.

그런데 이상한 것은 이 때의 날씨입니다. 춥거나 바람이 쌩쌩 부는 날이 아니라 오히려 따뜻하고 바람 한점 없는 날인 것입니다.

그 이유는 뒤에 가서 알아보도록 하지요.

규모가 큰 회오리바람의 힘은 대단합니다.

땅 위의 집을 쓰러뜨려 하늘 높이 말아올리기도 하고 나무를 두 동강으로 쪼개 놓기도 합니다.

바다 위에서 이 맹렬한 회오리바람이 불면 바닷물을 하늘 높이 끌어올립니다. 따라서 작은 배 정도는 여기에 휩

쓸려 가라앉고 맙니다.

큰 회오리바람 중에는 그 넓이가 수십 미터나 되는 것도 있습니다.

바다 위의 높은 하늘에 뭉게구름이나 또는 소나기구름이 떠 있는 곳에 회오리바람이 일면, 그 구름의 밑부분이 삼각형을 거꾸로 세워 둔 것 같은 모양이 됩니다. 이 거꾸로 세운 삼각형 모양의 구름은 그 꼭지점 부분이 바다에 이어집니다.

그러면 바다에 닿은 그 부분은 차차 넓게 퍼집니다. 그리고 그 곳의 공기들이 하늘로 치솟으면서 바닷물을 끌어올립니다. 바닷물이 하늘을 향해 솟아오르는 것입니다.

이것을 '용오름'이라고 부릅니다. 우리 나라 동해안에서도 가끔 이러한 현상을 볼 수 있습니다.

회오리바람은 보통 15분에서 20분 사이에 끝납니다. 1시간 이상 계속되는 경우는 극히 드뭅니다.

또한 회오리바람은 장소를 옮겨다닙니다. 그 거리는 보통 3~5킬로미터 정도입니다.

바다에서 일어난 회오리바람이 육지로 올라왔을 때 사람들은 큰 피해를 입게 됩니다.

앞에서 말한 대로 집이 쓰러지기도 하고 사람과 가축들이 날아가기도 합니다.

이제 회오리바람이 따뜻한 날 부는 이유를 알아보도록 하지요.

태양이 강하게 내리쬐면 공기가 갑자기 덥혀지므로 그 덥혀진 공기가 불쑥 하늘로 치솟게 됩니다.

그러면 그 사이를 둘레에 있던 찬 공기가 빙글빙글 돌면서 밀어닥칩니다.

그리고 흘러든 공기까지 함께 덥혀져 하늘로 솟아오르게 되는데, 이것이 바로 회오리바람입니다.

즉, 회오리바람은 따뜻한 공기와 차가운 공기가 함께 소용돌이치며 섞여 흐르는 것입니다.

그러니까 맑은 날 햇빛에 의해 공기가 더워졌을 때 생기는 것이지요.

프랭클린의 피뢰침

자연이 끼치는 해로움을 '자연 재해'라고 합니다. 이 자연 재해 중에서 실제로 그 해로움은 그다지 크지 않은데도, 사람들을 매우 놀라게 하는 것이 있습니다. 그것은 벼락입니다. 벼락은 그 특이한 천둥 소리와 번갯빛으로 사람들을 두렵게 만듭니다. 그리고 때때로 사람의 귀중한 목숨을 빼앗아 가기도 합니다.

도시에서는 벼락의 위험이 그다지 크지 않습니다.

도시의 높은 빌딩들마다 피뢰침이 장치되어 있기 때문입니다. 그렇기 때문에 벼락이 울리는 곳을 걸어 다니더라도

거의 위험이 없습니다.

그러나 넓은 들판이나 나무가 적은 높은 산꼭대기 부근에서 만나는 벼락은 매우 무서운 것입니다.

벼락은 구름 속에서 일어나는 아주 센 전기이기 때문입니다.

이것이 전기라는 것을 알아 낸 사람은 미국의 프랭클린이었습니다.

그는 지금으로부터 약 200년 전에, 날씨가 몹시 험한 날 하늘로 연을 날려 보았습니다.

그 날은 소나기가 퍼붓고 천둥과 번개까지 치는 날이었습니다.

프랭클린이 하늘 높이 연을 띄워 올리자 잠시 후 연줄을 타고 전기가 흘러왔습니다.

이 실험으로 그는 벼락이 전기의 성질을 지니고 있음을 밝혀 낸 것입니다.

그 당시에는 벼락에 의

한 피해를 막을 수 있는 방법이 전혀 없었습니다.

프랭클린은 벼락이 전기라는 것을 알게 되자, 이 벼락을 막을 수 있는 방법을 연구하기 시작했습니다.

그리하여 마침내 그는 피뢰침이라는 쇠붙이 막대를 만들어 냈습니다. 피뢰침에 떨어진 전기는 거기에 이어진 구리줄을 타고 땅 속으로 들어갑니다.

그 뒤 끝에 매달린 구리판을 통해서 온 땅 속에 퍼져 나가게 됩니다.

이렇게 퍼져 나간 전기는 그 힘이 약해져서 사람들에게 아무런 피해를 끼치지 못하는 것입니다.

그런데 넓은 들판이나 산 등에는 이 피뢰침이 세워져 있지 않습니다.

벼락은 전기가 잘 통하는 물체나 위로 튀어나와 있는 부분에 잘 떨어집니다.

따라서 평평하고 넓은 들길을 걸어가는 경우, 벼락은 그 사람 위로 떨어지기 쉽습니다.

또는 쇠침이 꼭대기에 박혀 있는 우산을 쓰고 걷는 경우 그 쇠침에 벼락이 떨어지기도 합니다. 그러면 쇠침을 통해 우산대를 잡고 있는 사람에게도 전해집니다.

이렇게 해서 감전이 되면 사람은 정신을 잃고 쓰러지거나 심한 경우 목숨을 잃게 됩니다.

평평한 들판이나 산 위 등에 있을 때 벼락이 치면 몸을 될 수 있는 한 낮게 해야 합니다.

바닥에 엎드리거나 우묵하게 패인 곳, 동굴 속 등에 들어가는 것이 좋습니다.

그리고 몸에 지닌 금속으로 된 물건들을 버려야 합니다.

잠자리채나 낚싯대처럼 뾰족하고 긴 물건들도 역시 위험합니다. 따라서 이들로부터 멀리 떨어져 있어야 합니다.

들판 한가운데서 비가 오고 천둥, 번개가 칠 때 주변에 큰 나무가 있다면 어떻게 해야 할까요?

벼락의 성질을 잘 모르는 사람들은 비를 피하기 위해 나무 밑에 가 숨을 것입니다.

하지만 그것은 매우 위험한 행동입니다.

벼락은 전기가 잘 통하는 물체나 튀어나온 부분에 잘 떨어지기 때문입니다.

들판 한 가운데 세워진 키 큰 나무는 벼락이 떨어지기 가장 좋은 곳입니다.

높이 솟은 부분일수록 전기를 내보내는 구름과 가깝기 때문입니다.

아무리 비를 많이 맞게 되더라도, 천둥과 번개가 칠 때는 키 큰 나무 밑에 가지 말아야 합니다.

번개가 칠때 큰 나무 밑에
있는 것은 아주 위험 합니다

신기한 기후의 변화

기후는 일정한 지역에서 장기간에 걸쳐 나타나는 대기현상의 평균적인 상태. 기상은 시시각각 변화하는 순간적인 대기현상이지만 기후는 장기간의 대기현상을 종합한 것이다.
기후는 서양적 의미로 지후(地候), 동양적인 의미로 24절기 72후(候) 등 시후(時候)의 뜻이 강하다.

현재 우리가 사용하는 기후라는 말 속에는 양자가 모두 포함되어있다.
따라서 기후는 지구상의 특정한 장소에서 매년 시간에 따라 반복되는 가장 뚜렷한 대기상태의 종합 또는 대기현상이 적분된 결과라고 할 수 있다.

기후변동의 원인에는
① 태양에너지 자체의 변동
② 태양거리와 관련된 변동
③ 행성(行星)에 의한 것
④ 지구상의 조석현상(潮汐現象)의 변동
⑤ 위성간(衛星間) 공간의 변화에 의한 것
⑥ 지구자전의 변화에 기인하는 것
⑦ 인위적인 변화 등이 있다.

이 중에서 최근 가장 문제가 되고 있는 것은 환경오염 등 인위적인 변화이다.그 중에서 중요한 것을 들어보면

① 이산화탄소의 증가
② 대기혼탁도(大氣混濁度)의 심화
③ 해양오염의 영향
④ 자연개조(自然改造)의 영향
⑤ 고공비행에 의한 운량(雲量)의 변화
⑥ 오존층의 감소 등이다.

한 화합물이 여러 가지 원소의 집합으로 구성되듯이 어느 지점의 기후는 각종 요소에 의해 구성되어 있다.

이것을 기후요소(氣候要素)라고 하며, 기후요소는 기온, 일사량, 일조시간, 강수량, 습도, 증발량, 운량, 바람, 기압 등이다.

기후 문제는 단순히 어느 한 나라의 문제로 다루어질 성격이 아니다. 기후와 관련된 문제는 여러 나라가 관련된 경우가 대부분이다. 그러므로 유엔 산하에는 기후 문제를 해결하기 위하여 여러 가지의 협의 기구가 만들어져 활동하고 있다.

그중 대표적인 것이 '기후변화에 대한 정부 간 협의체(IPCC: Intergovernmental Panel on Climate Change)'이며, 우리나라의 정부와 기후학자들도 참여하고 있다. IPCC에서는 기후변화에 관한 보고서를 통하여 심각성을 일깨우고 있다.

성난 육지

파리크텐 화산

땅 속 깊은 곳에는 '마그마' 라는 물질이 있습니다.

마그마란 단단한 바위 덩어리가 섭씨 1000℃도가 넘는 높은 온도에서 녹은 것을 말합니다. 뜨거운 액체 상태의 이 마그마는 땅의 벌어진 틈새로 뿜어져 나옵니다. 이렇게 마그마가 몇 번이고 뿜어져 나와 쌓인 것을 '화산' 이라고 부릅니다. 세계의 화산들은 이와 같은 마그마의 작용에 의해 만들어진 것입니다.

우리 나라에도 화산이 있습니다. 제주도에 있는 한라산이 바로 그것입니다.

세계 곳곳에서는 지금도 새로운 화산이 태어나고 있습니다.

그 예를 하나 들어 보기로 하지요.

1943년 2월의 일이었습니다. 멕시코의 한 마을인 '파리크텐' 에서 갑자기 지진이 일어났습니다.

지진은 지구 속의 여러 층들이 변화를 일으킴으로 해서 땅이 흔들리고 갈라지는 것을 말합니다. 지진이 일어나자

밭이 갈라지면서 그 갈라진 틈에서 연기가 솟아 나왔습니다. 그 연기가 점점 심해지면서 콩알 크기에서 호두알 크기 만한 바위 조각들이 뿜어져 나왔습니다. 이런 바위 조각들을 '분석'이라고 부릅니다. 폭발은 점점 심해졌습니다. 그리고 마침내 마그마가 쏟아져 나왔습니다. 이 마그마를 '용암'이라고 하는데, 뜨겁고 시뻘건 색깔의 용암은 쉬지 않고 계속 흘러나왔습니다.

9년이라는 기간이 지나서야 이 용암의 흐름이 멈추었습니다.

그러면 파리크텐 마을은 어떻게 되었을까요? 파크리텐 마을은 완전히 용암으로 덮이고 말았습니다. 또한 받이 있었던 자리에는 높이가 450미터 정도나 되는 산이 생겼습니다. 그 산은 뿜어져 나온 용암이 쌓이고 쌓여서 생긴 화산이었지요. 과학자들은 이 화산을 '파크리텐 화산'이라고 이름붙였습니다.

화산은 이렇게 그다지 길지 않은 시간 동안에 엉뚱한 곳에서 갑자기 생겨나기도 합니다.

화산은 그 활동 상태에 따라 크게 세 가지로 나눌 수 있습니다. 현재 힘차게 활동하고 있는 화산, 활동을 쉬고 있는 화산, 그리고 전혀 활동하지 않는 화산입니다.

현재 한창 열기를 뿜으면서 활동하는 화산이나 지금은 쉬고 있지만 때때로 활동하는 화산을 '활화산'이라고 합니다.

활화산

휴화산

사화산

또한 쉬고 있는 화산은 '휴화산' 이라고 부르며, 아직 한 번도 활동한 적이 없는 화산은 '사화산' 이라고 부릅니다. 하지만 지금은 휴화산이라고 하더라도 불을 뿜어내기 시작하면 활화산이 되는 것이지요.

화산에는 여러 가지 토양이 있습니다. 삼각형 모양의 화산은 평지가 갈라지면서 생긴 화산입니다.

평지에 화산이 만들어질 때면 분석이라고 하는 바위 조각들이 뿜어져 나옵니다. 이 때 작은 것들은 멀리까지 날아가 떨어지고 크고 무거운 것들은 가까이에 떨어집니다. 그 위에 계속해서 용암이 쏟아져 나오는 것입니다.

이것들이 쌓이고 쌓여 나중에는 삼각형 모양의 화산을 이루는 것이지요. 이러한 삼각형 모양의 화산을 '성층화산' 이라고 부릅니다.

또 '종상화산' 이라고 불리는 화산이 있습니다. 이 화산은 끈기가 많은 용암에 의해 만들어집니다.

왜냐하면 끈기가 적은 용암은 빠른 속도로 흘러내리지만 끈기가 많은 용암은 천천히 흘러내리면서 굳게 되기 때문입니다. 따라서 성층화산처럼 산기슭이 경사지게 뻗는 게 아니라 약간 둥그스름하게 만들어지는 것입니다.

그 생김새가 종 모양을 닮았다고 해서 종상화산이라 부릅니다.

우리 나라 동해안에 있는 독도는 바로 종상화산이 식어서 이루어진 것입니다.

성층화산
종상화산
순상화산
화산은 그 모양에 따라
여러 가지 화산으로
나눠집니다.

또 '순상화산'이라고 부르는 화산이 있습니다. 이 화산의 용암은 끈기가 매우 적어서 거의 물이 흐르듯 재빨리 흘러나옵니다. 따라서 화산 기슭이 마치 방패 모양처럼 낮고 평평하게 퍼져 있습니다.

이렇듯 화산은 그 모양에 따라 여러 가지로 나뉘는 것입니다.

이제 지진에 관하여 알아보도록 하지요. 지진의 원인과 위력, 그 영향에 대해서 자세히 알아봅시다. 그러면 지진은 도대체 왜 일어나는 것일까요?

지구의 속은 지각과 맨틀의 층으로 이루어져 있습니다.

지각이나 맨틀의 윗부분은 언제나 지구 중심의 핵이 이끄는 힘에 묶여 있습니다. 때문에 지구 속의 어딘가에 약한 부분이 있으면 그 곳으로 쏠리게 됩니다. 그러면 지구 속의 각기 다른 층에 변화가 일어나게 되지요.

이처럼 지구 속을 이루고 있는 층의 모양이 변화할 때 그 흔들림이 지구 표면에 나타나는 것을 지진이라고 합니다.

한편 땅 속에 있는 마그마의 누르는 힘이 점차 커져서 주위의 바위들을 파괴하여 지진이 일어나기도 합니다.

즉, 화산 활동으로 지진이 발생하는 것이지요.

이외에도 지진에는 여러 가지 원인이 있습니다. 그러나 어떤 것이 가장 정확한 지는 아직 밝혀지지 않고 있습니다.

그러면 지진이 일어나는 것은 어떻게 알 수 있을까요?

지진이 일어나면 그 흔들림의 정도를 지진계로 알아내거나 사람이 느껴서 알아내게 됩니다. 이처럼 사람이 직접 느낄 정도로 흔들렸을 때를 느낄 수 있다는 뜻으로 '유감진동'이라 부릅니다.

진도는 진도 0에서부터 진도 7까지로 나누어집니다.

하나하나 살펴보도록 하지요.

진도0 : 무감각 지진이라고 부릅니다. 사람의 감각으로는 느낄 수 없고 지진계에만 나타납니다.

진도1 : 미진이라고 부릅니다. 멈춰 서 있는 사람이나 신

경이 매우 예민한 사람만이 느낄 수 있습니다.

진도2 : 경진이라고 불리며 많은 사람들이 느끼게 됩니다. 창문이 약간 움직이거나 천장에 매달린 전등이 조금 흔들립니다.

진도3 : 약진이라고 부릅니다. 집이 흔들립니다. 창문이 덜컹거리며 전등과 같이 매달려있는 것들은 눈에 띌 정도

로 흔들립니다. 컵에 담긴 물이 출렁이는 것까지 알 수 있을 정도입니다.

진도4 : 중진이라고 부릅니다. 집이 심하게 흔들리고 꽃병과 같이 세워져 있는 작은 물건들이 쓰러집니다. 컵 안의 물은 넘쳐 흐릅니다. 걸어 다니는 사람도 지진을 느끼게 되며 많은 사람들이 집 밖으로 뛰어 나오게 됩니다.

진도5 : 강진이라고 합니다. 건물의 벽이 갈라지고 기왓장들이 떨어져 내립니다. 항아리나 굴뚝 등도 쓰러집니다.

진도6 : 열진이라고 부르는데, 약 30퍼센트 가량의 집들이 무너집니다. 산사태가 일어나고 땅이 갈라집니다. 많은 사람들이 서있지 못하고 주저앉게 됩니다.

진도7 : 가장 강한 지진으로 격진이라고 부릅니다. 집들의 30퍼센트 가량이 무너져 내립니다. 산사태가 일어나고 땅이 심하게 갈라집니다.

이처럼 지진은 지진계로만 알아 낼 수 있는 아주 약한 상태의 것에서부터, 넓은 지역에 큰 피해를 주는 지진까지 여러 층이 있는 것입니다.

지금도 매일 전세계적으로 수천 개의 지진이 계속 일어나고 있습니다.

그러나 대부분 그 세기가 약한 것이어서 사람들이 느낄 수 없는 것들입니다.

큰 지진은 대체로50~60년에서 150년 정도의 사이를 두고 되풀이해서 일어납니다 큰 지진이 있었던 곳에서는 100년 간격으로 다시 지진이 일어나게 됩니다.

만약 큰 지진이 사람들이 살고 있는 지역에 일어나게 되면 아주 짧은 시간 동안에 엄청난 피해가 생기게 됩니다.

지금까지 일어났던 가장 큰 지진참사의 피해로는 1556년 중국의 산시성이란 도시에서 일어난 지진을 예로 들 수 있습니다. 그 지진에서 무려 80만 명이 목숨을 잃었습니

다. 최근에도 일본이나 미국, 중국 등에서는 큰 지진들이 계속 일어나 많은 사람들의 목숨을 빼앗고 막대한 재산 피해를 주고 있습니다.

사막의 샘

지구의 어느 육지에는 풀 한 포기, 나무 한 그루 없이 바위와 모래밖에 없는 곳이 있습니다. 이런 곳을 사막이라고 부릅니다.

우리는 끝없는 모래 언덕을 사막이라고 생각하기 쉽습니다. 그러나 그러한 모래 사막은 세계 전체의 사막 중에서 그 일부분에 지나지 않습니다.

대부분의 사막은 돌멩이만 뒹구는 땅으로 되어 있습니다. 또한 큰 사막에는 산맥이 있습니다. 높이 솟은 땅과 평평한 땅도 있습니다. 그러나 그 곳들은 물이 거의 없는 메마른 모래 벌판이거나 돌밭일 뿐입니다.

세계에서 가장 큰 사막의 이름은 무엇일까요? 바로 사하라 사막입니다. 여러분도 그 이름을 들어본 적이 있을 것입니다.

사하라 사막은 동쪽과 서쪽 사이의 길이가 약 5,200킬로미터나 됩니다. 또 남쪽과 북쪽을 이은 길이도 1,500킬로미터입니다.

넓이는 우리 나라의 30배가 넘는, 정말 거대한 사막입니다.

사막은 이처럼 메마른 땅이지만 그렇다고 전혀 비가 오지 않는 것은 아닙니다. 비가 오기는 하지만 그 횟수가 매우 적습니다. 많아야 1년에 두세 번 정도입니다.

우리 나라의 1년 평균 강수량은 1,000밀리리터 정도입니다. 강수량은 비나 눈 등 1년 동안 하늘에서 내린 물의 양을 말하지요.

그런데 사하라 사막과 같은 사막은 1년 강수량이 100~150밀리리터 정도에 불과합니다. 더군다나 이 비는

1년에 두세 번만 내립니다. 또는 몇 년 만에 한꺼번에 내리는 경우도 있습니다. 따라서 거의 풀과 나무와 같은 식물이 자랄 수 없습니다.

그러나 이렇게 한꺼번에 큰 비가 내리면 사막에도 강이 생기게 됩니다. 하지만 비가 그치면 강을 이루었던 물은 모두 모래 속으로 빨려들어가 버립니다. 그러므로 다시 모래나 바위만이 널려 있는 메마른 땅이 되어 버리고 마는 것입니다.

오늘날 우리가 지구 위에서 볼 수 있는 커다란 사막들은 비교적 새로 생긴 사막들입니다.

여러 가지 조사에 의하면 사하라 사막의 북쪽은 먼 옛날에는 사막이 아니었다고 합니다. 즉 풀과 나무가 우거지고 강물이 흐르는 살기 좋은 땅이었습니다.

사막의 모래 속에는 지금도 시냇물이 흘렀던 자리가 남아 있습니다. 이런 것들이 옛날에는 그 곳이 사막이 아니었다는 것을 증명하는 셈이지요.

그러면 그러한 곳이 어떻게 해서 사막이 되었을까요?

사막을 만드는 제일 중요한 원인은 기후에 있습니다. 앞에서 사막에는 비가 거의 내리지 않는다고 말했습니다. 이 말을 바꾸어 말하면, 비가 적게 오기 때문에 사막이 되었다고도 할 수 있습니다.

비가 오지 않는 땅에는 식물이 자라기 힘듭니다.

따라서 풀과 나무들이 우거지는 숲은 사막이 될 수가 없

습니다.

땅에 풀과 나무가 자라지 않으면 흙은 그대로 태양의 직사 광선을 받게 됩니다. 이렇게 태양빛을 받을수록 땅 속의 물기는 자꾸 자꾸 하늘로 증발하게 됩니다.

이 때문에 흙은 푸석푸석 마르게 되고 부서져 마침내 거친 사막이 되는 것입니다.

땅 속의 물기가 하늘로 올라간다고 해도 공중에 수증기로 맺히는 것이 아닙니다. 태양열이 워낙 강하게 내리쬐기 때문이지요.

그러므로 공기 중의 수증기도 극히 적어 메마르고 건조한 하늘에는 구름 한 조각 보이지 않습니다.

이러한 이유로 한낮의 햇빛은 더욱 강하게 됩니다. 최고 기온이 섭씨 50°까지 올라가는 것이지요.

그러나 밤이 되면 기온은 급히 내려갑니다. 거의 얼음이 얼 정도까지 추워지는 것이지요.

이와 같은 기온의 급격한 변화는 공기 속에 수분이 너무 적기 때문입니다. 공기 속에 떠 있는 작은 물방울들은 낮에 비춘 태양의 열을 지니고 있으므로 밤이 되어 해가 사라져도 그 열로 계속 보온을 해줍니다.

사막에는 이 수증기의 보호막이 없기 때문에 낮과 밤의 기온차가 심하게 나는 것입니다.

이러한 낮과 밤의 기온 차이는 단단한 바위를 푸석푸석하게 부서뜨리기도 합니다.

모든 물질들은 뜨거운 열을 가하면 부풀어오릅니다. 반대로 차갑게 하면 줄어듭니다. 눈에 보이게 드러나지는 않지만 바위도 마찬가지입니다.

한낮에 강한 햇빛에 쬐어 뜨거워지면 부피가 늘어납니다. 반대로 밤이 되어 기온이 내려가면 부피는 줄어듭니다.

그러므로 낮과 밤의 기온차가 심한 사막에서는 바위의 부피가 하루 동안에 늘었다 줄었다 하는 셈입니다. 이것이 몇 백년, 몇 천년이라는 오랜 세월 동안 되풀이되는 사이에 단단한 바위도 부서지기 시작합니다. 더 오랜 시간이 지나면 아무리 큰 바위라도 마침내 모래알이 되고 마는 것입니다.

여러분들은 텔레비전이나 책에 실린 사진을 통해 사막의 모습을 보았을 것입니다.

사막은 모래땅이면서도 군데군데 언덕이 늘어서 있습니다. 이 언덕을 모래 언덕 즉, '사구' 라고 부릅니다.

사막에 생기는 사구의 높이는 대개 5~20미터 정도입니다.

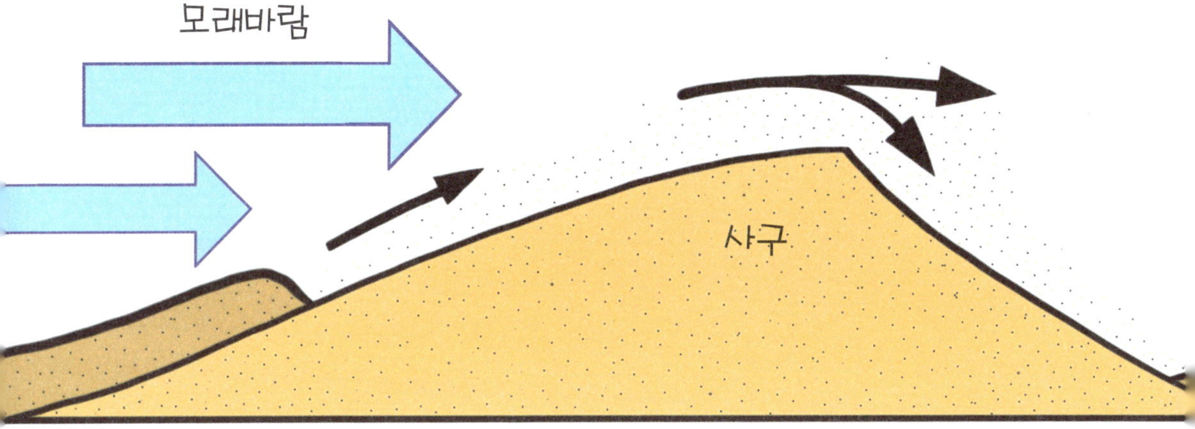

그런데 이 사구는 놀라운 특징을 가지고 있습니다.

어떤 상인이 한 사람 있다고 합시다. 그는 열심히 일해 많은 돈을 벌었습니다. 그런데 그는 늘 걱정이 많은 소심한 사람이었습니다. 그래서 그 돈을 어디에 보관할까에 대해서도 오랫동안 고민을 하였습니다. 그러다가 그는 모은 돈을 모두 금덩어리로 바꾸었습니다. 그리고는 사하라 사막의 중간쯤에 있는 좀 특이한 모양의 모래 언덕 밑에 묻어 두었습니다.

상인은 그 사구의 모습을 몇 번이고 눈에 익힌 다음 집으로 돌아왔습니다.

얼마 후 상인은 다시 금덩어리를 꺼내기 위해 사막의 중간 지점으로 돌아왔습니다.

과연 그는 자신의 금덩어리를 찾을 수 있었을까요?

몇 날 몇 일을 헤매어도 상인은 금덩어리를 묻어둔 그 사구를 찾을 수 없을 것입니다. 왜냐고요?

사막에 있는 사구의 모양에는 여러 가지가 있습니다.

사구는 모래가 바람에 날려 바람이 불어 가는 쪽으로 옮아갑니다.

옮아간다고 하지만 사구 전체가 한꺼번에 움직이는 것은 아닙니다. 사구 표면의 모래가 바람에 날려 바람이 불어 가는 쪽으로 새로운 언덕을 만들면서 천천히 옮아가는 것입니다.

이렇게 해서 사막에서는 끊임없이 여러 가지 모양의 사구가 생겼다가 사라지고 또 생겼다가 사라지고 합니다.

그러니 상인이 금덩어리를 묻어 둔 사구는 바람에 날려

계속 다른 곳으로 자리를 옮겨가 버린 것이지요.

사막의 바람이 불어 가는 쪽에 있는 사막 근처의 마을은 바람에 날아오는 모래로 인해 여러 가지 피해를 입습니다. 그리하여 그 지방 사람들은 사구의 이동을 막기 위해 철책을 치기도 하고 나무를 심기도 합니다.

이렇게 모래의 침입을 막지 않으면 언젠가는 그 지방 전체가 모래 밑에 묻혀 버릴지도 모르는 일이기 때문이지요. 실제로 어떤 사막에서는 먼 옛날에 묻혀 버린 도시 전체가 발견되기도 했습니다.

바삭바삭 메마른 돌밭이나, 한없이 계속되는 모래 언덕이 이어지는 사막에도, 어쩌다 샘이 솟는 곳이 있습니다. 샘의 주위에는 대추야자와 같은 나무도 자라고 있습니다.

이런 곳을 '오아시스'라고 합니다.

바위나 모래 뿐인 사막 속에 어떻게 해서 이와 같은 샘물이 솟아나는 것일까요? 매우 신비롭게 여겨지지만 그 이유는 간단합니다.

사막의 모래 밑에는 단단한 바위의 층이 있습니다. 사막에 내린 비나 사막 근처를 흐르는 강물은 앞에서 말했듯이 대부분 모래 속에 스며 버립니다.

하지만 물의 일부가 단단한 바위에 부딪치면 그 바위 표면을 따라 낮은 쪽으로 흐릅니다. 이것이 지하수입니다.

사막 가운데 있는 우묵하게 들어간 곳에 이 지하수가 모이면 샘이 되어 솟아나는 것이지요.

오아시스는 '사막의 샘'이라고 불립니다. 이 오아시스는 몇 그루의 대추야자 나무가 조그마한 샘 주위에 심어져 있는 작은 것도 있지만, 우리 나라 제주도의 절반만큼 커다란 오아시스도 있습니다.

큰 오아시스가 있는 곳에는 사람들이 돌과 흙으로 집을 짓거나 천막을 치고 마을을 이루어 살기도 합니다. 이런 마을에서는 양 · 염소 등의 가축을 기르고 농사도 짓습니다.

안개 도시와 스모그

여름날, 이른 아침에 밖에 나가 보면 안개가 가득 끼어 있을 때가 있습니다.

이런 안개는 하늘에서 내려온 것이 아니라 땅 위에서 생겨 퍼진 것입니다.

물 가까운 곳의 공기는 늘 수증기를 머금고 있습니다. 이 수증기는 기온이 차가워지면 작은 물방울이 되어 공기 속을 연기처럼 뿌옇게 떠다닙니다. 이것이 바로 안개입니다.

안개 중에는 '농무'가 있습니다. 보통 허공에 흐릿하게 낀 것을 안개라고 하고, 앞을 분간하기 어려울 정도로 짙게 낀 안개를 농무라고 합니다. 농무는 약 1킬로미터 앞이 안 보일 때를 말합니다.

더운 여름 땅 위에서 태양열이 뜨거워진 공기가 바다 위로 나가면, 차가운 공기와 부딪쳐 안개가 됩니다. 그 때문에 여름철 바다 위에서 흔히 안개가 끼는 날씨를 볼 수 있습니다.

안개가 자욱이 낀 바다 위에서는 앞이 잘 보이지 않습니다. 그래서 배와 배가 서로 부딪치거나 암초에 걸리기도 합니다.

안개로 제일 유명한 곳은 영국의 런던이라는 도시입니다. 런던은 안개의 도시라고 불릴 만큼 안개가 많이 끼는 곳입니다.

그 이유는 커다란 난류와 한류가 서로 부딪치는 바다가 도시 주위를 둘러싸고 있기 때문입니다.

난류란 따뜻한 바닷물을 말하고 한류란 차가운 바닷물을 말합니다. 그러니까 찬 공기와 더운 공기가 쉽게 만나게

되므로 런던에 안개가 많이 끼는 것입니다.

그런데 1952년, 런던에서 이상한 일이 벌어졌습니다.

그 날은 바람 한점 없는 날이었습니다. 안개가 짙어서 그렇지 않아도 어둑어둑한 런던의 하늘은, 공장의 연기로 인해 한층 더 어두웠습니다.

그리고 날씨가 매우 추워서 사람들은 집을 따뜻하게 하기 위해 하루 종일 석탄을 마구 땠습니다.

집집마다 굴뚝에서 검은 연기가 뭉게뭉게 뿜어져 나왔습니다. 그런데 바람이 불지 않아 이 연기들은 흩어지지 못하고 공장의 연기들과 마찬가지로 도시의 하늘을 가득 메우고 있었습니다.

그 날, 런던에 살고 있는 대부분의 사람들은 목에 심한 아픔을 느꼈습니다. 그리고 기침을 많이 하였습니다. 젊은 이들은 어느 정도 견딜 수 있었습니다. 그러나 몸이 허약한 노인들에게는 매우 힘든 고통이었습니다.

그 날 이후 며칠 사이에 약 3,000명 이상의 노인들이 폐렴과 기관지염이라는 병으로 사망하였습니다. 그 수는 보통 때의 약 7배가 넘는 숫자였습니다.

다행히 목숨을 잃지 않았다 해도 많은 사람들은 폐렴과 기관지염 환자가 되었습니다.

이 사건 이후 런던 사람들은 연기라는 뜻의 영어 '스모크'와 안개라는 뜻의 '포그' 두 단어에서 '스모그'라는 새로운 말을 만들어 냈습니다.

즉, 스모그란 안개와 연기가 합쳐진 말입니다.

이것은 석탄을 때울 때 생기는 나쁜 물질이 안개 모양의 기체가 되어 사람의 몸에 해를 끼치는 것입니다.

런던에서는 그 후에도 여러 번 스모그가 발생하여 큰 피해를 입었습니다.

미국의 로스앤젤스라는 도시에서도 스모그 사건이 발생하였습니다. 미국에서의 스모그는 석유를 많이 태웠기 때문에 일어났습니다.

산업이 발달하면서 우리는 석탄 · 석유 등의 물질을 많이 사용하게 되었습니다. 그런 물질을 사용할 때면 사람의 몸에 나쁜 가스가 나오게 됩니다.

이 가스가 모이고 모여서 마치 안개처럼 도시의 하늘을 온통 뒤덮은 것입니다.

인간 스스로 자신들의 생명에 직접 영향을 끼치는 공기를 더럽히고 만 것이지요.

무서운 지구의 모습

열대림 파괴는 여러 생물종의 절멸을 가져왔고, 사막화는 지역 주민의 생활과 목숨을 위협한다. 세계 육지 면적의 절반 정도는 건조 혹은 반건조 지역에 해당하는데, 이곳에서는 지구 전체 인구의 약 1/3이 살아가고 있다. 이곳 주민들은 대부분 가난하기 때문에 사막화로 인한 피해는 매우 치명적이다. 사헬 지역이나 중앙아시아 일대의 사막화 지역은 산업화의 손길이 닿지 않은 곳으로, 기본적인 의식주 생활을 자연 생태계에 의존한다.

가까운 중국 내륙의 사막화로 우리나라와 중국 동부 지역 등지에서 황사에 의한 피해가 늘고 있는 것도 같은 맥락에서 살펴볼 수 있다. 또한 사헬 지역의 경우 사막화 때문에 생긴 난민들이 이웃 국가로 몰려들어 정치 사회 경제적 혼란을 야기하기도 한다. 사막화와 관련하여 인류는 다양한 노력을 전개하고 있다. 유엔은 사막화 방지 위원회를 운영하고 있으며, 세계 각국의 정부와 기업은 사막화가 진행 중인 지역의 주민을 구호하는 활동과 더불어 사막화 지역에 나무를 심는 활동을 펼치는 등 사막화 방지를 위해 애쓰고 있다.

이미 세계적으로 진행된 사막화는 전 세계 육지 면적의 약 40%에 이른다. 사막화 방지를 위해 국제적 노력을 기울이는 국제기구 유엔 사막화 방지 협약(UNCCD)은 사막화 면적을 아프리카 12억 8,600만 hα, 아시아 16억 7,200만 hα, 라틴아메리카와 카리브 해 지역 5억 1,300만 hα로 파악하고 있다

태풍은 지구 상에서 부는 바람과 자전 등의 영향을 받아 북서 방향으로 서서히 북상해요. 태풍은 남쪽 바다 한복판에서 발생하지만, 바람을 타고 육지 쪽으로 이동하면서 주변 여러 나라에 피해를 주지요. 그런데 최근 지구 온난화의 영향으로 바닷물의 온도가 높아져 뜨거운 바다가 늘어나면서 태풍의 위력도 점점 커지고 있어요. 높이가 수백 km 되는 태풍도 생겨나고 있지요.

일반적으로 우리나라에 영향을 미치는 태풍은 7 10월 사이에 많이 발생하며, 적도를 사이에 둔 남북 5 ° 이내에서는 거의 발생하지 않는다.

세계적으로 보면, 전세계의 태풍은 북대서양 서부 및 서인도제도 부근에서 11%, 북태평양 동부 및 멕시코 앞바다에서 약 17%, 북태평양의 동경(東經) 180° 의 서쪽에서 남중국해 사이에서 약 38%, 인도양 남부에서 약 28%, 벵골 만과 아라비아 해에서 약 6%가 발생하고 있다.

지구의 자원

인간은 옛날부터 자연과 더불어 살아오면서 끊임없이 자연을 이용해 왔습니다.

자연을 보다 쓸모 있게 이용하고 개발해 나아감으로써 인간은 좀더 나은 생활을 할 수 있게 되었습니다.

그러나 앞에서 살펴본 스모그의 경우처럼 자연의 과도한 이용이 인간에게 해를 끼치는 경우도 있습니다. 때문에 자연을 잘 보호하면서 적절히 이용하여야만 합니다.

자연은 인간과 더불어 영원히 함께 살아갈 친구이니까요.

지하 자원

스모그의 원인이 석탄과 석유의 사용이라고 했는데 이것들은 어떻게 생겨나며, 또 어디에 이용되는 것일까요?

지구의 표면에는 여러 가지의 '지하 자원'이 묻혀 있습니다.

▲ 석탄 산업의 시설

땅 속에 있는 광물 중에서도 인간의 생활에 중요하게 이용될 수 있는 것을 지하 자원이라고 부릅니다. 석탄 · 아연 · 석유 · 천연 가스 등이 그것입니다.

이러한 물질들은 집 안을 따뜻하게 하기 위한 '연료'로 쓰이거나 공장의 기계들을 돌아가게 하는 동력'으로 이용됩니다.

특히 석유는 화학 섬유를 만드는 데에도 사용됩니다.

어쩌면 여러분이 지금 입고 있는 옷 중에도 하나쯤은 화학 섬유로 된 옷이 있을 것입니다. 그렇다면 석유로 만들어진 옷을 입고 있는 셈이지요.

석유는 농작물을 잘 자라게 하는 데 쓰이는 비료의 원료가 되기도 합니다. 또 여러 가지 약이나 플라스틱 제품을 만드는 데도 쓰입니다.

그 외에도 여러 지하 자원들이 있는데 그것들은 주로 금속이나 화학 공업의 원료로 사용됩니다.

▲ 석유, 가스 산업의 시설

이와 같이 인간이 살고 있는 사회의 문명은 거의가 다 지하 자원을 원료로 하여 이루어진 것입니다.

물의 힘

물이 없이는 인간은 하루도 살아갈 수가 없습니다.

우리가 마시는 여러 가지 음료수를 비롯하여, 우리 생활을 보다 편리하고 풍부하게 꾸미기 위한 온갖 산업이 물 없이는 모두 이루어지지 못합니다.

▲ 댐을 이용한 수력 발전

▲ 전기를 이용하는 전기제품

또한 세계 여러 나라가 전기를 만드는 데에 물을 이용하고 있습니다. 그것을 '수력 발전'이라 부릅니다. 즉, 물이 가지고 있는 힘을 전기로 바꾸는 것이지요.

수력 발전소를 만들기 위해 댐을 쌓아 강물을 이용합니다. 수력 발전은 물의 양이 많고 떨어지는 높이가 크면 클수록 전기의 양이 많아집니다.

그러므로 댐을 높게 만들어 강물을 막은 다음 물을 많이 모이게 하는 것입니다.

텔레비전이나 냉장고, 세탁기 등의 전기 제품을 사용할

수 있는 것도 전력을 만들어 내는 물의 힘 덕분이지요.

수력 발전소인 댐은 전력을 만들어 내는 것 외에 홍수를 막아 주는 역할을 합니다.

석탄이나 기름을 이용하는 화력 발전소도 물을 이용하지 않고는 발전을 할 수가 없습니다.

그렇지만 물이 가장 요긴하게 이용되는 곳은 뭐니뭐니 해도 농촌입니다. 벼나 보리, 배추, 무 그리고 과일 등이 자라기 위해서는 반드시 물이 필요하기 때문입니다. 옛날에는 물을 주로 농사짓는 데만 사용했기 때문에 우리 나라와 같은 경우 물자원은 매우 넉넉한 편이었습니다.

하지만 최근에는 앞에서 말한 대로 전력을 사용합니다. 그리고 도시의 상수도나 공업 용수로까지 쓰이고 있어 물이 부족한 실정입니다. 그래서 많은 사람들이 물을 어떻게 하면 좀더 효과적으로 이용할 것인지를 계속 연구하고 있습니다.

산은 넉넉한 창고

우리 나라는 산이 많은 나라입니다. 전 국토의 70퍼센트가 산지입니다.

옛날에는 땔나무를 얻는다거나 집을 짓는 목재를 얻는 것 외에는 산의 중요성을 그다지 크게 느끼지 않았습니다.

▲ 종이 및 펄프 공장

오히려 이웃 마을과의 교통만 불편하게 한다고 생각했을 뿐입니다.

하지만 요즘은 세계 여러 나라와 마찬가지로 우리 나라도 산의 중요성을 크게 느끼게 되었습니다.

인간 생활에 편리하도록 산을 이용하는 방법이 개발되었기 때문이지요.

산에 있는 나무들은 여러 가지로 이용됩니다. 건물을 짓는 데에는 물론 종이와 가구, 그리고 섬유의 원료로도 나무가 이용됩니다.

산은 이 나무를 튼튼하게 키워 내는 훌륭한 화분입니다.

나무가 울창한 산은 홍수나 폭풍의 피해를 막아주고 지하수를 공급해 줍니다.

산을 이용하여 울창한 숲을 만들면 좋은 목재만을 얻을 수 있는 것이 아닙니다. 과일 나무를 심으면 맛 좋은 과일을 풍성하게 거둘 수 있습니다. 또 약초나 버섯 등을 과학적인 방법으로 심어서 많은 양을 한꺼번에 생산해 낼 수도 있습니다.

나무가 잘 자라지 않는 산은 목장으로 만들어 가축을 기르기도 합니다.

산은 또 훌륭한 관광 자원입니다. 우리 나라의 동해안 근

처에 있는 설악산도 바로 그런 관광 자원 중 하나입니다.

이처럼 산은 인간에게 필요한 많은 것들을 선물하는 넉넉한 창고인 것입니다.

힘찬 미래 생활

인간 생활을 풍요롭게 하기 위해서 자연은 계속 활용될 것입니다. 앞으로도 사람들은 끊임없이 자연의 자원들을 개발할 수 밖에 없습니다. 왜냐하면, 지구는 더 이상 커지지 않기 때문입니다.

즉, 인간이 살 수 있는 육지는 그 크기가 일정합니다. 그런데 인간의 수는 자꾸만 늘어갑니다. 따라서 더 많은 음식, 옷과 집, 생활 용품들이 필요하게 됩니다. 이런 모든 것들은 자연에서 얻어집니다.

그러므로 산에서 자라나는 나무들은 계속 베이고, 물은 계속 퍼올려지며, 땅은 파헤쳐지고 있습니다.

인간 생활에 필요한 자원을 얻기 위해서입니다.

하지만 이런 자원들을 끊임없이 써 버리기만 한다면 머지않아 지구의 자원들은 모두 바닥이 날 것입니다. 때문에 모두들 물질을 아껴 쓰고 자연을 함부로 망가뜨리지 말아야 합니다.

나무를 베어 낸 자리에는 다시 어린 나무를 심어서 자라게 해야 합니다. 물을 함부로 이용해 더럽히는 일도 있어

서는 안 됩니다.

이제 지하 자원은 얼마 남아 있지 않습니다. 따리시 지하 지원을 대신할 만한 새로운 자원도 개발해야 합니다.

많은 사람들이 보다 지혜로운 자연의 이용과 새로운 자원 개발을 위해 노력하고 있습니다.

바다를 막아 땅을 넓히고, 또 사막까지 농사를 지을 수 있는 땅으로 만들기 위해 힘을 기울이고 있습니다.

그리고 지하 자원을 대신할 만한 새로운 자원으로 태양 에너지를 연구하고 있습니다.

이미 석유 없이도 집 안을 따뜻하게 할 수 있는 태양열 주택이 만들어졌으며, 앞으로도 자연의 이용과 개발에 대한 연구는 끊임없이 계속되어질 것입니다.

그것은 곧 우리들의 미래 생활을 움직여 나가게 될 힘이기 때문입니다.

한정된 지구의 자원

인류는 생활을 향상하기 위하여 어떤 형태로든 자연계와 접촉하여 이를 이용하려고 한다. 그 대상물이 자원으로 되는 것이지만, 극히 보편적으로 존재하는 것은 생활향상을 위한 욕망을 충족시키는 대상이 되지 않으므로 자원이 될 수 없다. 공기가 그 좋은 예인데, 공업화 도시화의 진전에 따라 대도시는 대기오염이 심해져 최근에는 맑고 깨끗한 공기도 중요한 자원 중 하나이다. 이와 같이 자원의 범위는 시대와 과학기술의 발달단계에 따라 바뀌며 고정된 것은 아니다.

경우에 따라 분류방법이 달라지나 여기에서는 인간생활에의 이용 측면에서 가공되지 않은 소재로부터 가공된 물자에 이르기까지의 단계에 따라 분류한다. 즉, 인간생활의 기초가 되는 구리 철 납 석탄 석유 등의 광물자원(지하자원)과 인간생활의 터전인 토지자원 및 일상생활을 뒷받침하는 수자원의 3가지 자원을 기초자원이라고 한다.

기초자원 외에 산림자원 동물자원 수산자원 등을 일괄하여 천연자원이라고 한다(넓게는 기초자원도 포함하여 천연자원이라고 함). 기초자원과 천연자원을 인간이 가공하여 생산하는 식량자원 공업원료자원 에너지자원 등을 제1차 자원이라고 한다. 이들을 다시 가공한 것을 제2차 자원 제3차 자원이라고 하며, 이밖에 노동력이나 기술을 인적자원이라고 한다.

인간생활이 향상됨에 따라서 욕구의 범위가 증대하고 그와 동시에 보다 대량의 자원과 신자원의 개발이 필요하게 되었다. 원자력의 평화이용 때문에 우라늄광의 개발, 물수요에 따른 수자원개발, 전력수요에 대응하는 에너지자원의 개발 등이 그 예이다. 그러나 개발된 자원을 분리시켜 단독으로 이용하는 경우 이로 인해 다른 분야에 큰 피해를 줄 경우가 있다. 공업용수의 대량이용으로 인한 지하수의 과잉양수로 지반침하의 현상이 나타나 고조(高潮)나 홍수 등의 재해를 격화시키게 된다.

수산자원의 보호

어업의 장비 개선으로 어획이 능률화되었고, 또한 남획 등에 의해서 자원량은 감소 추세에 있다. 이 때문에 자원의 번식 보호가 절실하게 되었다.

도전 리틀과학자

빅뱅과 지구탐험

2016. 2. 25 인쇄
2016. 3. 2 발행

글 대한과학진흥회
그림 위스뉴스키 피에르
펴낸이 신 주 황
펴낸곳 스완미디어
등록 제2-4534호
주소 서울시 중구 중림동 128-15 구본빌딩
홈페이지 www.dollplaybooks.com
대표전화 02) 393-0026
팩스 02) 312-8349

ISBN 978-89-92565-83-7
ISBN 978-89-92565-70-7 (SET)

값 9,800원

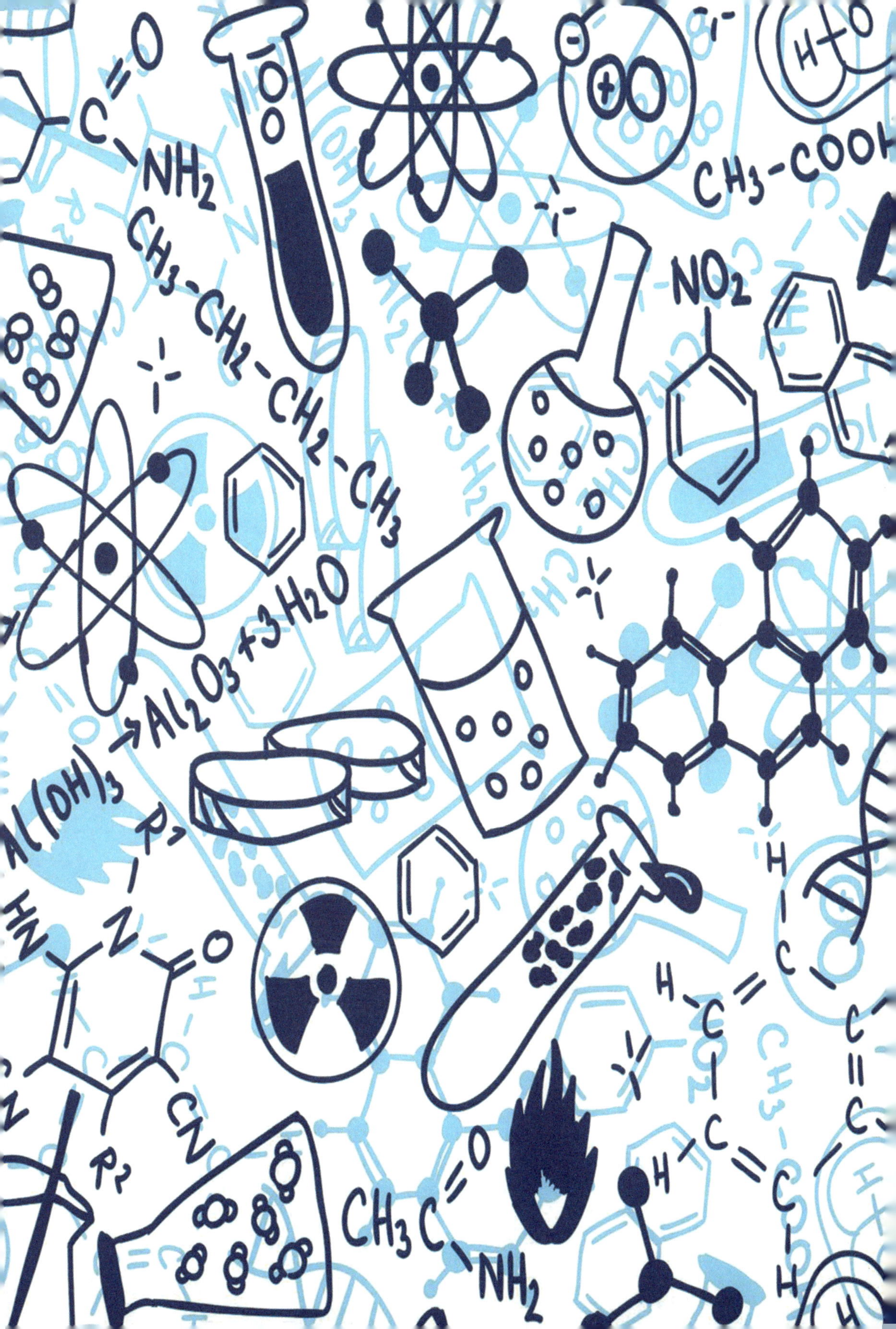
C=O
NH2
CH3-CH2-CH2-CH3
Al(OH)3 → Al2O3 + 3H2O
CH3-COOH
NO2
HN
N
R1
R2
CN
CH3C=O
NH2

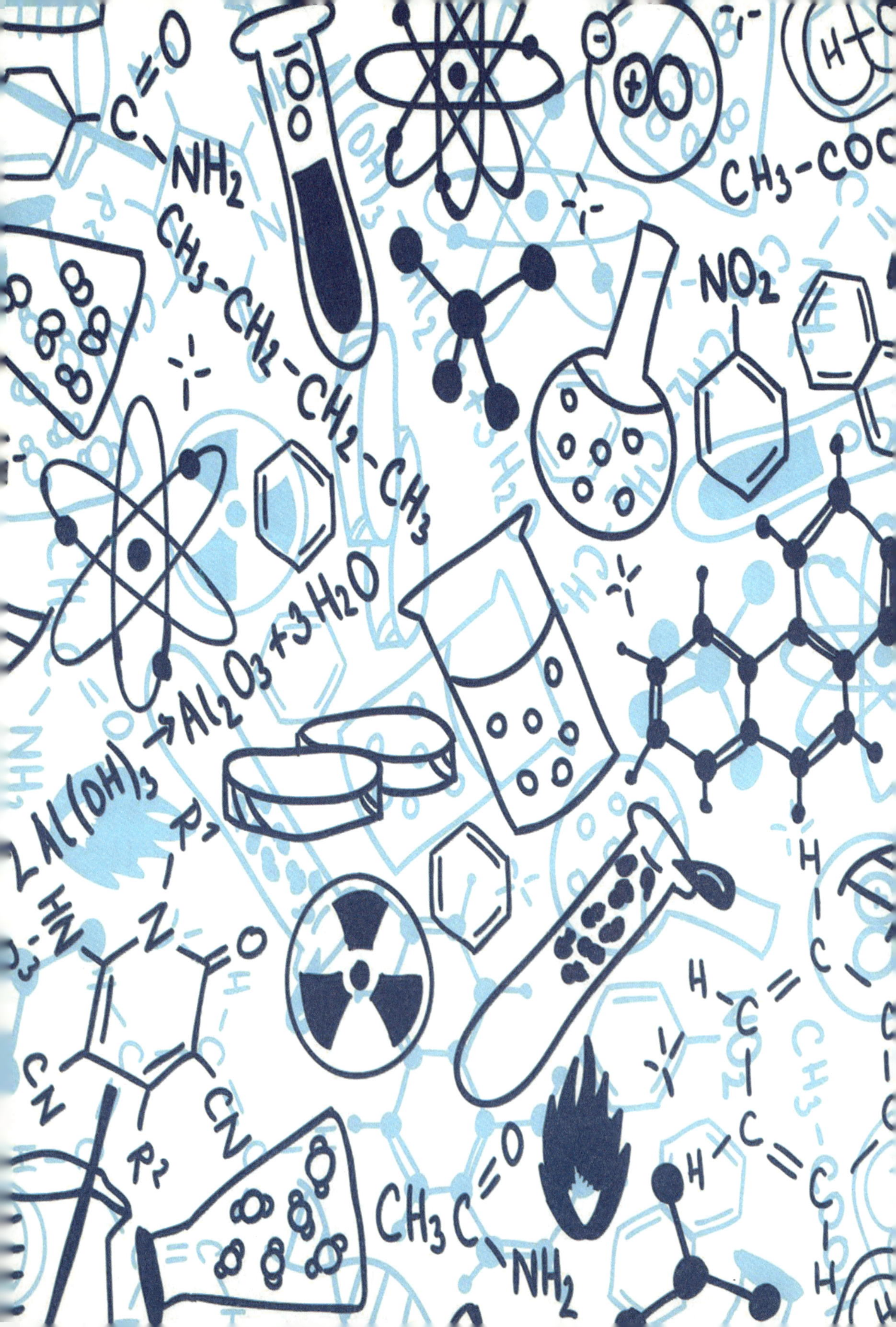
C=O
NH2
CH3-CH2-CH2-CH3
2Al(OH)3 → Al2O3 + 3H2O
NO2
CH3-COO
HN
N
O
R1
R2
CN
CN
CH3C=O
NH2
H
C
H
C
H
C
H

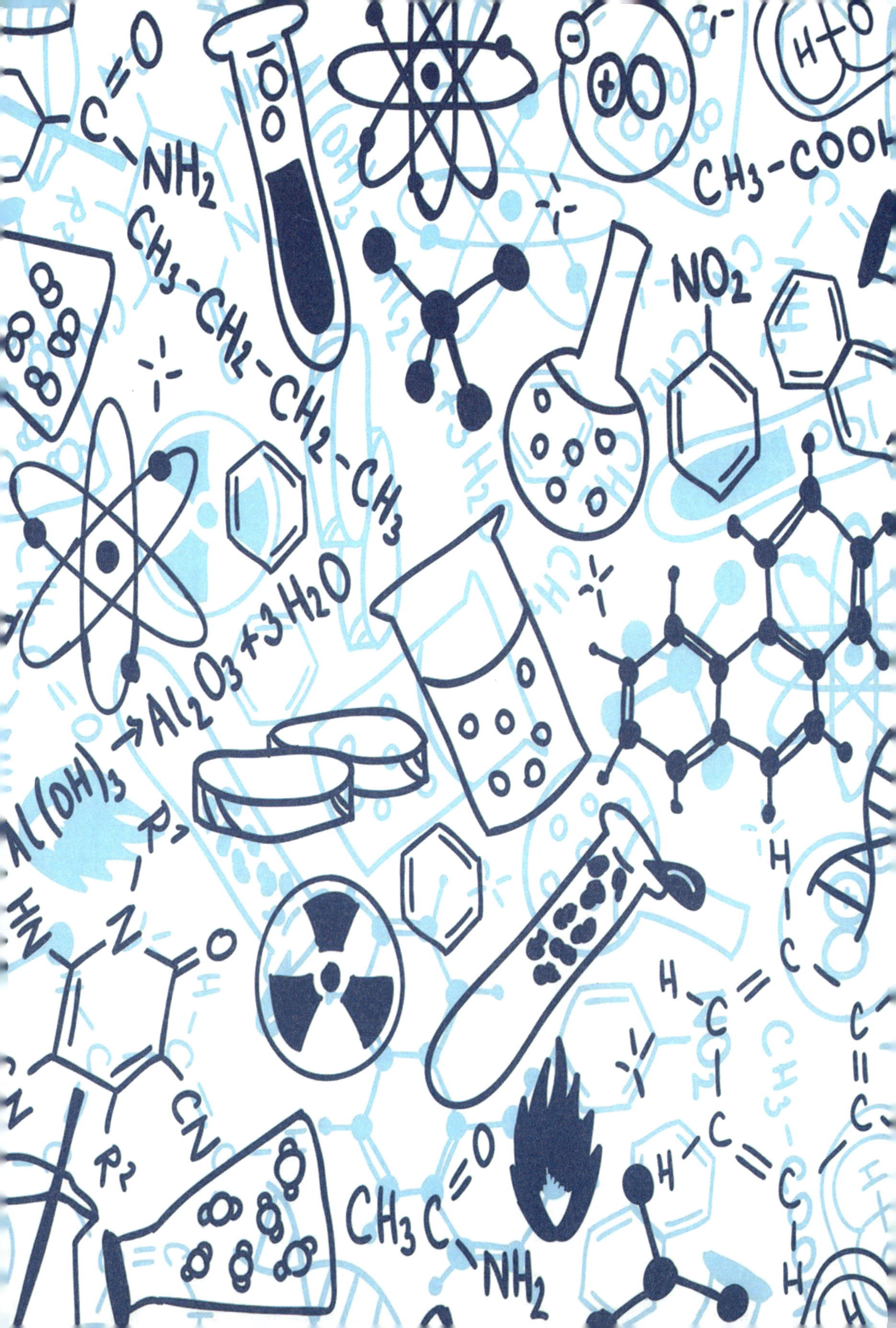
C=O
NH2
CH3-CH2-CH2-CH3
CH3-COOH
NO2
Al(OH)3 → Al2O3 + 3H2O
HN
N
O
CN
R1
R2
CH3C=O
NH2
H
C
H

C=O
NH2
CH3-CH2-CH2-CH3
2Al(OH)3→Al2O3+3H2O
CH3-COO
NO2
HN
N
R1
R2
CN
CN
CH3C=O
NH2
H
C
H